김지우 시집

사랑아

ⓒ 김지우·박덕은, 2025
저작권에 의해 보호를 받는 저작물이므로
저자와 출판사의 허락 없이 무단 전재와 복제를 금합니다.

사랑아

시 김지우 그림 박덕은

시와사람

■ 시인의 말

참으로 알 수 없는 게 세상일입니다.

시집 출간이 저의 일이 되었다니, 그저 놀라울 뿐입니다.

박덕은 문학박사님과의 인연이 시집이라는 열매를 맺게 했습니다.

그동안 저는 사색하는 게 좋고 명상을 귀하게 여기며 살아왔습니다.

그게 문학의 밑거름이 되었을까요.

지난봄에는 제가 그린 그림과 박덕은 님의 시가 만나 『꽃의 걸음이 고요하다』를 출간했습니다.

그것만으로도 행복했는데, 이번에는 제가 쓴 시와 박덕은 님의 그림이 다시 만났습니다.

책이 출간될 수 있도록 한결같이 응원해 준 남편에게 진심으로 존경과 사랑을 표합니다.

시인 김지우

■ 화가의 말

그리움의 무늬들을 글로 쓰면 시가 되고, 색으로 표현하면 그림이 됩니다.

김지우 님의 그리움과 박덕은의 그리움이 만나 결실을 맺었습니다.

시집이라는 열매를 맺기까지 인연을 이어준 하늘에게 먼저 감사드립니다.

강봉구 회장님 그리고 김지우 대표님과의 인연의 아름다움이 여기까지 오게 했습니다.

김지우 님의 시에 박덕은의 그림을 실을 수 있어 행복합니다. 추억의 심층으로 들어가 상처를 어루만지는 연민의 손길과 내일의 문을 여는 판타지의 손길을 그림에 담으려고 했습니다.

시와 그림을 통해 여러분도 자신의 향긋한 그리움을 만나길 소망합니다.

화가 박덕은

사랑아 _ 차례

▢ 시인의 말 _6
▢ 화가의 말 _7

사랑아 · 1 _ 13
사랑아 · 2 _ 16
사랑아 · 3 _ 19
사랑아 · 4 _ 22
사랑아 · 5 _ 25
사랑아 · 6 _ 28
사랑아 · 7 _ 31
사랑아 · 8 _ 34
사랑아 · 9 _ 37
사랑아 · 10 _ 40
사랑아 · 11 _ 43
사랑아 · 12 _ 46
사랑아 · 13 _ 49
사랑아 · 14 _ 52
사랑아 · 15 _ 55
사랑아 · 16 _ 58
사랑아 · 17 _ 61

사랑아 · 18 _ 64
사랑아 · 19 _ 67
사랑아 · 20 _ 70
사랑아 · 21 _ 73
사랑아 · 22 _ 76
사랑아 · 23 _ 79
사랑아 · 24 _ 82
사랑아 · 25 _ 85
사랑아 · 26 _ 88
사랑아 · 27 _ 91
사랑아 · 28 _ 94
사랑아 · 29 _ 97
사랑아 · 30 _ 100
사랑아 · 31 _ 103
사랑아 · 32 _ 106
사랑아 · 33 _ 109
사랑아 · 34 _ 112

사랑아 _ 차례

사랑아 · 35 _ 115
사랑아 · 36 _ 118
사랑아 · 37 _ 120
사랑아 · 38 _ 123
사랑아 · 39 _ 125
사랑아 · 40 _ 128
사랑아 · 41 _ 131
사랑아 · 42 _ 134
사랑아 · 43 _ 137
사랑아 · 44 _ 140
사랑아 · 45 _ 143
사랑아 · 46 _ 146
사랑아 · 47 _ 149
사랑아 · 48 _ 152
사랑아 · 49 _ 155
사랑아 · 50 _ 158
사랑아 · 51 _ 161
사랑아 · 52 _ 164
사랑아 · 53 _ 167

사랑아 · 54 _ 169
사랑아 · 55 _ 172
사랑아 · 56 _ 175
사랑아 · 57 _ 178
사랑아 · 58 _ 181
사랑아 · 59 _ 184
사랑아 · 60 _ 186
사랑아 · 61 _ 189
사랑아 · 62 _ 192
사랑아 · 63 _ 195
사랑아 · 64 _ 197
사랑아 · 65 _ 200
사랑아 · 66 _ 203
사랑아 · 67 _ 206
사랑아 · 68 _ 209
사랑아 · 69 _ 212
사랑아 · 70 _ 215
사랑아 · 71 _ 218
사랑아 · 72 _ 221

사랑아 _ 차례

사랑아 · 73 _ 224
사랑아 · 74 _ 227
사랑아 · 75 _ 230
사랑아 · 76 _ 233
사랑아 · 77 _ 236
사랑아 · 78 _ 239
사랑아 · 79 _ 242
사랑아 · 80 _ 245
사랑아 · 81 _ 248
사랑아 · 82 _ 251
사랑아 · 83 _ 254
사랑아 · 84 _ 257
사랑아 · 85 _ 260
사랑아 · 86 _ 263
사랑아 · 87 _ 266
사랑아 · 88 _ 269
사랑아 · 89 _ 272
사랑아 · 90 _ 275
사랑아 · 91 _ 278
사랑아 · 92 _ 281
사랑아 · 93 _ 284
사랑아 · 94 _ 287
사랑아 · 95 _ 290
사랑아 · 96 _ 293
사랑아 · 97 _ 296
사랑아 · 98 _ 299
사랑아 · 99 _ 302

□ 평설 / 박덕은 _ 304
□ 박덕은 미술관 시비오솔길 _ 332
□ 김지우 프로필 _ 352
□ 박덕은 프로필 _ 353

사랑아

사랑아·1

붉은 열정 위로
하트가
무수히 왔다 갔다

그게
인생일까요

아니면,
고요한 일상이
정상일까요

도대체
들녘에 박아놓은 카테고리는
누구의 짓일까요

신이?
들짐승이?
인간이?

함부로 갈 수 없고
주어진 대로 가야 하는
하루 하루

날마다
목을 조여 매는 건
저들일까요
이 고개 숙임일까요.

사랑아·2

들길을 걸을 때마다
아쉬움이 남아요

새로 난 물길이
한결같이
쭉쭉 직선으로 달아나요

들길도
물길 따라 곧장 달려가요

예전에는
그렇지 않았잖아요

굽이굽이 돌아
한가롭게 흘렀잖아요

물고기가 살 만한 곳은
굴곡이겠죠

낭만이 숨쉴 곳도
마찬가지일 테죠

산길처럼 꼬불꼬불
나아가도 행복한 것을

벽계수처럼 꾸불텅꾸불텅
지나가도 기쁨인 것을.

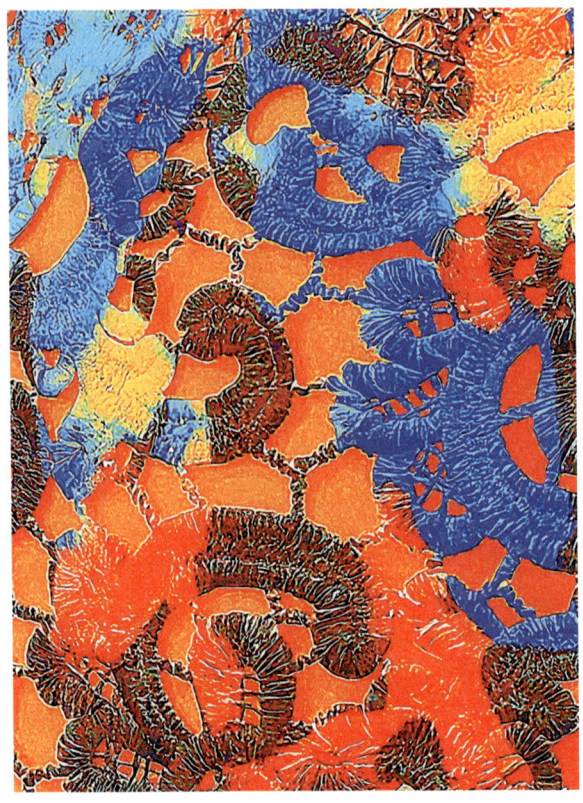

사랑아·3

어제의 습관과
구겨진 저녁의 귀퉁이까지 챙겨
이삿짐 싸는 데 하루
이삿짐 푸는 데 하루
이삿짐 정리하는 데 또 하루

이제서야
한가롭게 들길을 간다

나무 한 그루
덜렁 서 있고

그 주변에
유채꽃의 노란 춤과 향기가
유화처럼 앉아 있다

어딜 가나
계절의 붙박이처럼 꽃빛으로 뿌리내린

이런 정경이길 바래

옮겨 다니지 않고
한곳에 오래 오래
머물러 지낼 수 있는
그런 공간이길 바래

이삿짐조차
따라올 수 없는 한적한 들길에서
나지막이 나만의 노래를 부른다.

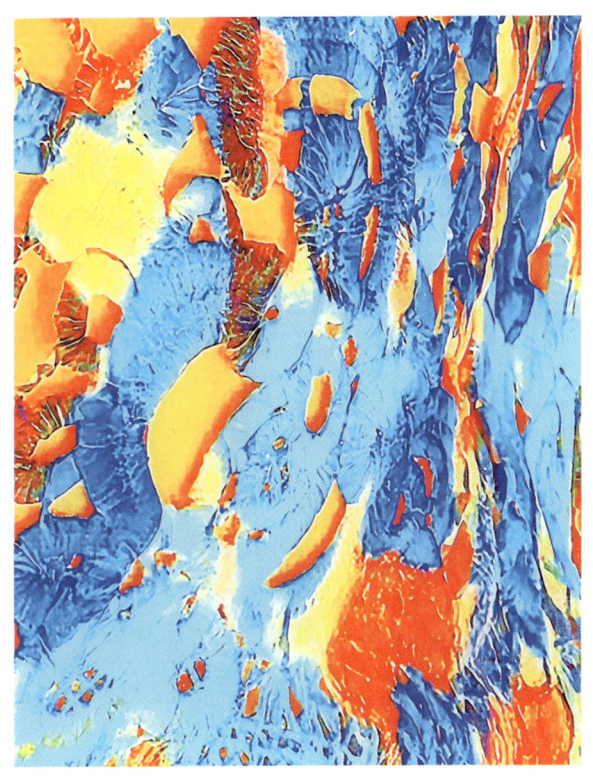

사랑아·4

인터넷 속에서
살아온 지
10여 년

세월이
흐르고 흘러

그리움의 색깔도
흐르게 했을까

가상의 공간 속에서
들길도 달리고
강도 건넜지만

여전히
발목을 잡는 건
풀꽃의 노래

눈길만 주면
어디서나 만날 수 있는
가장 초라하면서도
가장 고귀한 멜로디

오늘도 여전히
그 노래 너울거리는
들길도 달리고
강도 건너며

허허로움으로
찢긴 가슴을
향긋이 여미고 있다.

사랑아·5

지금
물어봐도 돼?

너에게도
늘 함께하는
하늘천사가 있니?

불행할 때나
슬플 때나
졸졸 따라다니며

어깨도 두드려 주고
애교스럽게 투정도 들어주고

추울 때는
팔 둘러 껴안아 주고

외로울 때는

해안의 꽃길을
손잡고 같이 거닐며
위로해 주는

그런 천사
네게도 있니?
나처럼.

사랑아·6

행복하고 싶다면
갖지 마
소유하지 마
그냥
작은 흔들림으로 봄의 탄성 포개는
들판의 풀꽃처럼
놔 둬

정원 안에
가두지 말고

울타리 속에
앉히지 말고
제멋대로 자라도록
놔 둬
그게
최선이야

뭐든
구속과 엉거주춤한 입맛에 맞게
가두고 손대는 순간
사라져 버려
진정한 기쁨도
순수한 애정도
산기슭 지나는
흰구름처럼
놔 둬

그냥
바라만 보는 거야
그게 최상이야.

사랑아·7

우네요
퍽퍽

달이 뜨고
별은 빛나는데
눈물이 흐르네요

뒤돌아보며
다 그렇고 그런 것을

왜
살면서 그토록 따졌을까요

지나고 보면
그저 우스꽝스러운 것을

하루 하루
밝게 살았으면 좋겠어요

가난해도 좋으니
부대껴도 좋으니

철없는 아이처럼 웃고 떠들며
신바람나게 살았으면 좋겠어요

지는 낙엽처럼
외롭고 쓸쓸한 이 밤

차라리
하늘에 반납해 버렸으면 좋겠어요.

사랑아·8

새벽에 일어나 보니
다 잠들어 있다

컴퓨터도
전화도
부엌도
책장의 책들마저

곤히
잠자고 있다

깨어난 나의 의식은
거실을 배회하다가

천장에 묻어 있는
먼지 같은 멜로디 한 올 물고

창틀로

내려앉는다

때마침
달빛이 기다렸다는 듯이
등을 툭툭 친다

순식간에
용솟음처럼 내면이 터진다

울음인지 깨달음인지
한꺼번에 치솟는다.

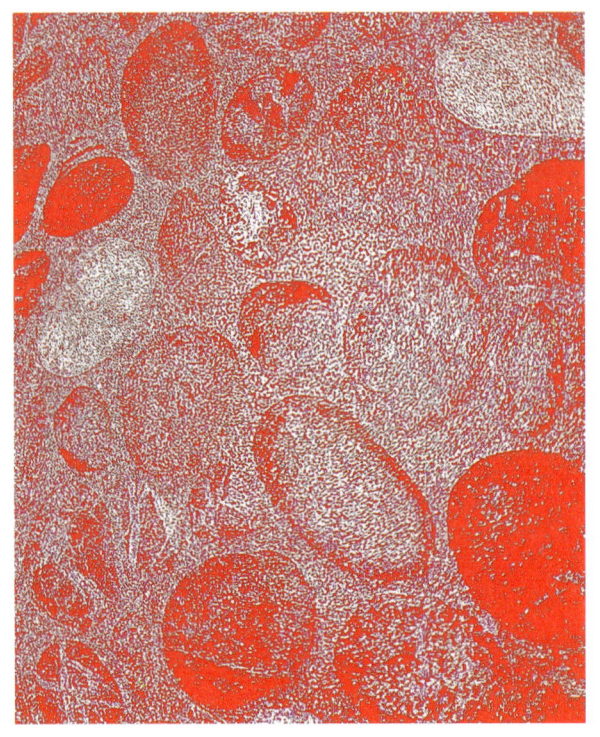

사랑아·9

오래도록 밀린
빨래 다 빨아
꽃햇살에 걸어
빨랫줄에 매달아 놓았다

게으름과 녹슨 낭만도
같이

개운함이
목줄기에서 잠시 머물다가

담 너머로
들고양이처럼 달아난다

어느 정도 마르면
그늘로 옮기리라

발길에 힘을 주며

뒷문으로 올라서자

하늘 미소를 가득 머금은
사색이
우아하게 가슴에 안긴다

팝송의 팡팡 튀는 멜로디가
침실 바닥을 흥건히 적시고 있는데.

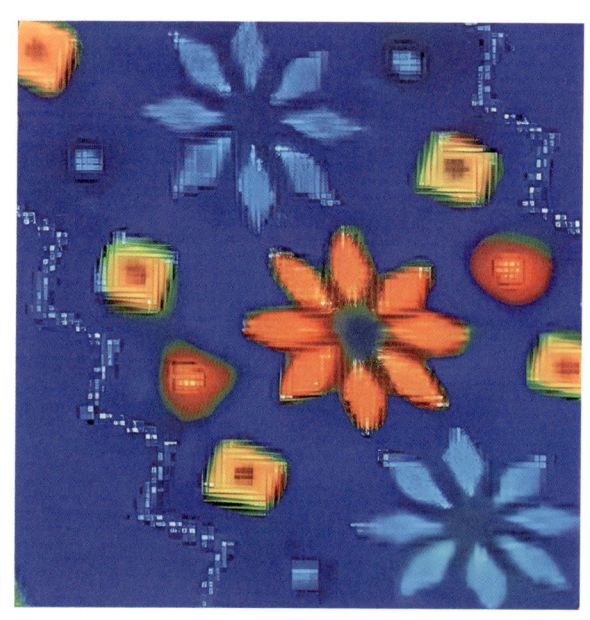

사랑아·10

방금 영화 한 편 보고
핏줄까지 아프네요

왜 그토록 처절하게
살아야 하는지

천적天敵은 먹고사는 모든 것이기에
치고 패고 속이고
쫓고 쫓기고 죽이고

도대체
삶이 뭔데?

꽃들과 그 향기의 속살과는
달리

낭만의 보드러운 손짓과는
멀리

살아 있으면서도
살아 있는 것 같지 않은
구겨진 세상

적막한 낮과 밤의 몸에 돋은
푸르스름한 소름을 털어내며

詩 파편들을 짓뭉개고 있다
피비린내로.

사랑아 · 11

새벽 이 시간에는
적막의 줄기만 가득

발에 걸리는 게
모두 침묵

허리 휘어 넘겨다 봐도
잡히는 건 다 고요

아릿한 감촉만이
덩그레 떠올라

한참이나 허공을 떠돌며
칭얼대다가

가슴팍으로
휘그르르 파고든다

아픔이 고삐 풀려
소용돌이칠 때마다
늘 그랬었다

이번만큼은
귀 걸린 울음으로
마무리 되지 않기를

제발
발끝까지 얼얼한
통곡으로 휘감지 않기를.

사랑아 · 12

이른 아침
시들의 향을 읽으며 울고 있어요

격투기에서는
있을 수 없는 부드러움
그 맛을 느끼며

아주 짠 눈물을
흘립니다

세상이 다
보들보들 부드러워지길
바라는 건 아네요

어느 한 곳이라도 숨통이 트여
진정한 시심이 자리하길 바랄 뿐

그 향이 각자 온몸을 감싸 주길

간절히 바랄 뿐

으스대는 칼바람의 언덕길
지날 때도

여전히 그 느낌과 맛과 향이
싱싱하게 살아 있길 바랄 뿐.

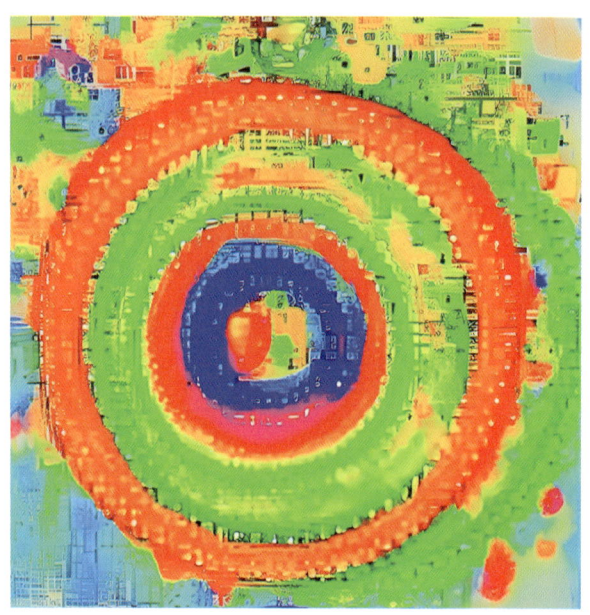

사랑아·13

손끝이 닳도록 빌게
그대가 행복하도록

그럴 수밖에 없을 거야
내가 그대 곁에 있으므로

오래전부터 시작된
전쟁 같은 세상이지만

견뎌낼 수 있을 거야
내가 그대 안에 있으므로

주어진 하루를 걸어
가도 가도 사막길이지만

오아시스를 만날 수 있을 거야
내가 그대를 안내하고 있으므로

꿈결처럼 주위를 둘러봐도
아직은 향도 꿈도 없지만

결국은 꽃피워낼 수 있을 거야
내가 그대를 가꾸고 있으므로.

사랑아 · 14

숲길 위를 날던 백로가
내려와 묻는다
사랑이 뭐죠?

글쎄
따스한 눈길로 바라보는 게 아닐까
아니죠
바라만 봐서는 약하죠

그럼
보호해 주고 보살펴 주는 거
아니죠
그건 헌신이죠

그럼
온전히 소유하는 거?
그건
농장 주인이나 할 짓이죠

그렇다면
서로에게 늘 있어서 좋은 존재
조폭의 관계도
그렇죠 뭐

아하,
서로 애틋이 그리워하며
서로 간절히 보고파 하는 거

하나 더,
서로를 위해
기꺼이 목숨까지 바치는 거.

사랑아·15

비 오는 날만은
그대 곁에 있고 싶어

늦잠 자는 모습도
내려다보고 싶고

청정 딸기 입에 물고
환하게 웃는 모습이랑

누룽지를 더 먹겠다며
그릇째 가져가는 모습도

향긋한 알몸으로 다가와
등뒤에서 포옹해 주는 모습도

두 눈을 감고 서서
의자에 앉아 있는 내게
길게 길게 키스해 주는 모습도

거친 빗방울 소리와 함께
가장 환상적인 포즈로
환희를 즐기는 모습도

천상의 비음을 내지르며
심심계곡의 작은 용처럼
아름답게 승천하는 모습도

한꺼번에 다 만나고 싶어
지금 당장.

사랑아 · 16

바라보면 볼수록
선이 고운 그대

그 위에서 춤추는
리듬을 봐요

아주 가늘고도
짜릿한 전율 따라

목까지 휘어 감기는
핑크빛 보드라움

그 위에 나의 삶과
미래를 펼쳐 놓고 싶어요

낭만의 보자기로
온몸을 보듬어 안을 때쯤

가장 순결한 혼까지
그대의 숨결 앞에

모조리 바치고 싶어요
추억 속의 마지막 생기까지도.

사랑아·17

작은 꽃밭에
좀좀하게 꽃을 심다 보니

이제 더 이상
심을 곳이 없네요

네모반듯한 근대近代의 상징인
벽돌 사이까지
꿈을 발라 마무리했으니

앞으로는
꽃 구경할 일만 남았네요

현관부터 뒤란까지
네 개의 화단에
꽃과 향기 가득 가득

딱 하나 남은 건

그대

사랑과 해 질 녘의 시차時差 때문에
설령 돌아오지 못할지라도
마음 한 장
아니면, 생각 한 잎
보내 줘도 좋으련만

지금 저렇게
질질질 경음악이 깔리는
물뿌리개처럼

시로 풀어 쓴 그리움
무더기로 보내 줘도 좋으련만.

사랑아·18

오랜만에
머리 위로, 팔 벌려
허리 굽히기를 해 봅니다

청춘 시절 데이트를 위해
꼬박 꼬박 챙기던 버릇

예쁜 몸매 만들기 위해
밤낮으로 애쓰던 그때가
오늘따라 무진장 그립습니다

청소도 구석구석 마쳤고
빨랫감도 다 짜서 널었으니

느긋이 차 한 잔 타서
손에 들고 창틀에 걸터앉아
추억에 젖는 일만 남았습니다

음악은 노을빛에 젖어
저토록 더 붉게 타오르는데

어찌 이 가슴은 이토록
파랗게 시려만 오는지.

사랑아·19

그댈 바라보는 것만으로도
환희 같은 단물이 넘쳐

스쳐지나만 가도
행복의 물결이
가슴 가득 너울 너울

얼핏 눈웃음만 걸어도
어깨가 무너져 내릴 만큼
감동이 파도처럼 덮쳐

안아 주기라도 하면
그 살내음에 그만
의식까지 몽롱해져 버려

대화를 하는 중에
내보이는 손놀림은
천사의 춤사위보다 더 멋져

차 한 모금 마시다
가끔씩 시향처럼
호숫가로 던지는 눈길

아, 그보다 더 아름다운 게
이 세상 그 어디에 또 있을까.

사랑아·20

연꽃 방죽길을 걷다가
우연히
그대가 노래하는 걸 봤어요

느티나무 아래서
우산 받쳐 들고 봄비 흐느끼듯

멜로디는
발자국 따라 흐르더니

이윽고
백로 외로 서 있는 곳까지
엉금엉금 기어가

개구리처럼 팔짝 팔짝 뛰어
달아나 버렸어요

눈물이 흘러

더는 앞이 보이지 않았지만

그 후로도 몇 분 더
식어 버린 리듬이
물고기 튀는 물가에 서성거렸어요

평소에 깡마르다
어쩌다 한 번씩 빠져 나와
아까부터 부르튼 그 심혼처럼.

사랑아·21

일어나 보니
한밤중이네요

코앞에 놓여 있는
6년근 홍삼진액은 그대로인데

이 선물을 해준 그대는
지금쯤 어디에 가 있는지

곱게 포장하여
'건강해야 해' 이 말을 손에 건네주던

사랑할 수밖에 없었다며
눈물 글썽인 채 쓸쓸히
노을 속으로 걸어가던

아름다운 사람아
속이 너무나 순수해서

미련한 사람아

그때 왜
바르르 떨고 있는 내 내면은
읽지 못했는지

지금은 왜
아예 돌아올 생각조차 안 하는지

아름다운 사람아
이토록 뜨겁고도 애타는 사랑을
끝내 읽지 못하고 살아가는
바보 같은 사람아.

사랑아·22

살갗 위에
약간의 추위를 덧씌우는 이 새벽에
가만히 입어 봅니다

그대가 평소에
즐겨 입었던 그 옷

변화구의 둥근 각도가 좋아
야구 열혈팬이 되어
열렬히 응원을 보내주며
동동 뛸 때마다
입었던 그 빨간 옷

오른쪽에는 노랑 글씨
왼쪽에는 하양 글씨
오른쪽에는 감미로움이
왼쪽에는 서글픔이
묻어 있네요

지금쯤
어디에서 무얼 하며
살아가고 있는지

무심결에
그날의 뒷모습을 일시불로 구입한
로션을 팔에도 바르고
손등에도 발라 봅니다

떨어지는 눈물도 섞어
어슴푸레한 추억까지
천천히 발라 봅니다.

사랑아·23

화장실 수도꼭지가
맨날 데구르르
떨어져 나가요

오늘은
강력본드로 붙여 버렸어요

손에 묻은 흔적이
얼얼하네요

딱딱한 감촉이
왠지 서글픔을 안겨 주네요

우리 사이도
그렇게 붙여 놓을 것을

강제로라도
운명과 운명을

서로의 미래까지 붙여 놓을 것을

소식 없는 하루 하루
빗소리 들으며
보내는 거 정말 지겹네요.

사랑아 · 24

나의 하루는
늘 함께예요

어려서부터
손에는 항상 둘이었죠

꽃송이도 두 송이
알사탕도 두 알
김밥도 두 줄

짝꿍과 마주보고서야
도시락도 까먹었죠

그리움도
데이트도
속삭임도
늘 그랬죠

함께하지 않는 삶
함께하지 않는 시간
다 의미 없었죠

난
늘 그랬죠

처음부터
마지막까지.

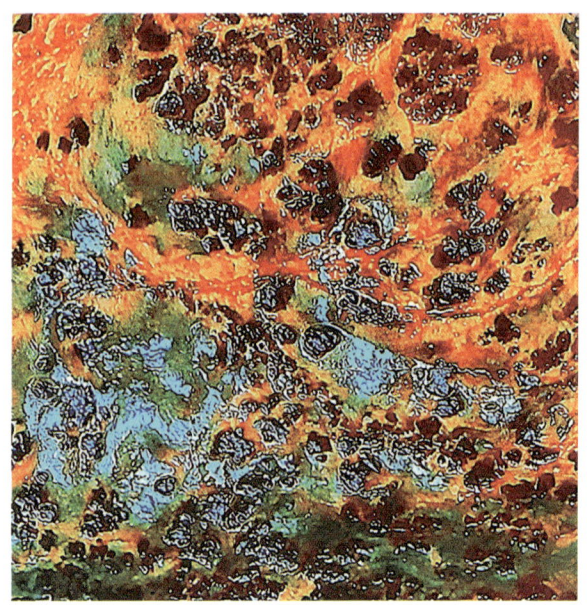

사랑아·25

바로 그곳
그 나무다리 위
홀로 서 있어요

그대가 노을빛 안고
한참이나 넋 놓고 울던 자리

지금은
내가 그러고 있네요

약골이라며
놀려대던 그 미소

지금은 이토록
건강한 몸으로

후들거리던 그 외나무다리
이렇게 담담히 건너고 있건만

어디 있나요
촉촉이 눈물 젖은 그 눈망울
그 눈빛, 그 눈길, 그 입술

찬바람 휘몰아치는 이곳에
마냥 서 있네요
훌훌 상의까지 벗어젖힌 채.

사랑아·26

봄비라지만 상당히 춥네요
그날처럼

나루터에 앉아 낭만을 나눴고
미래도 손질했고
키스도 음미했던 그날처럼

비가 내려
보슬보슬 비가 내려

우리 마음도
젖어 버렸네요

으슬으슬 떨면서도
좀처럼 떨어지지 않았던
우리

수많은 계절이

숨가삐 흘러갔지만
좀처럼 잊지 못하던
우리

이제는
아무것도 남지 않았네요

그리움마저도 말라 버려
노랫가락 하나 빗줄기 하나
스며들지 않네요.

사랑아·27

우리가 맨 처음 대면했던 곳
기억나나요?

의자 받침이
어떤 남자 두상 조각의 큰 아가리였죠

마치
김밥 한 줄을 입에 물고 있는 것처럼

그곳에서
던진 그대의 한마디
"닮았군요"

"뭐가요?"

한입에 날 삼키고파 하는
그 눈빛

그날 이후
난 그대의 포로가 되어 버렸죠

죽는 날까지
후회하지 않을 거예요

샤워하고 나와 윙크하며 던지는
그대의 한마디처럼

"행복해요."

사랑아 · 28

산비탈 돌아 굽이굽이
드라이브하던 날

우연히
우린 만났죠

배낭 하나
텐트 하나 들고서
오른쪽 팔 쭈욱 뻗은 채
엄지손가락 세워
내 차를 세우던 그대

당당하고 의젓한 그 모습에 그만
첫눈에 반해 버렸죠

새소리처럼 감미롭게 스며든
그대 목소리
그대 눈빛

난
날 잘 모르겠어요

수년간 고이 간직해 온
순수와 낭만

어쩜 좋아요
종교도 순결도 미래까지도
그대에게 몽땅
바치고픈 걸 어떡해요.

사랑아·29

그대를 껴안고 있는
이 순간만큼은
이 세상에서 가장 행복해요

우주가
내 것인 양

운명까지도
온통 내 손 안에 든 듯

삼국지의 모든 장수들까지도
역사의 모든 열정들까지도

내 호령 하나로
즉시 일렬횡대로 늘어설 듯

다 내 뜻대로
이뤄질 것 같아요

부둥켜안고 있는 이 순간만큼은
이 땅에서 가장 행복해요.

사랑아·30

비 온 뒤의 쌀쌀한 오솔길
걷고 있어요

그대가 늘 들었던
그 노래 귀에 꽂고서
하염없이

다시 비가 온다 해도
멈추기 싫어요
마냥 걸을래요

차라리
지독한 독감에라도 걸려
몇 달 동안
끙끙 앓았으면 좋겠네요

이토록
가슴이 아리고 시릴 거라면

이토록
세상이 가시밭 허공에 붕 떠
시종 쑤셔대서 성가실 거라면

차라리 앓아누워 홍역처럼 앓다가
숨을 거뒀으면 좋겠어요

내가 무덤에 간 뒤라도
그대가 돌아올 수 있다면
정말 그럴 수 있다면.

사랑아·31

핸드폰 사 준 날
기념하자며 갔던 그 해변

아직도
가슴에 남아 있나요

비키니가 너무 예쁘다며
수많은 사진을
찍고 또 찍어 주었지요

꽃구름과 꽃바람까지
차곡차곡 넣어서

열정의 뜨거움과 설렘까지
꾸깃꾸깃 채워서

어여쁜 사진들을
눈망울 속이랑 영혼 속에도

찍어 놓았지요

도저히 잊을 수 없도록
도저히 잊혀질 수 없도록

아름답게
온몸 가득 희열로 수놓던
그날을 기억하나요.

사랑아·32

제발 숨기지 말아요

우리가 살면 얼마나 살겠어요
사는 동안 감추지 말아요

열정도 이끌림도 희열도
꽃피워내듯 하늘로 보내요

뭉게구름이 알아야 할 테죠
하늬바람이 알아서 하겠죠

우리는 다만 새순을 뽑듯
꽃송이를 뽑아 올리듯
그렇게 하면 돼요

당황하지 마요
물러서지도 마요
의연히 서서 앞으로 나아가요

청춘을 아끼듯
만남의 기회를 놓치치 마요

우리는 오늘
하나되어야 해요

반드시
기필코
기어이.

사랑아·33

그날
이미 하늘의 섬광이
심장 깊숙이
구석구석 박혀 버렸죠

가슴의 호수에 잠긴 별들처럼
신비롭게 빛나던
그대 음성 그대 미소

모래톱이 햇살에 데워져
따스하던 자리

누워 뒹굴며
보드라운 시간을 담요처럼 덮으며

키스에 키스를 다시 키스를
보태고 보태던
우리는 한 쌍의 시였죠

그 향을
빨아먹고 사는 꿈비둘기

비운도 죽음도
도저히 어쩌지 못하는
운명의 꿈비둘기였죠.

사랑아·34

배가 고플 땐
당구를 친다는 그대

홀쭉하게 깡마른 체구로
당구 큐대를 겨누는 모습

안쓰러워
안쓰러워

난 당구대에 상체를 기댄 채
초점 잃은 시선으로
바라보곤 했지

참으로
우린 이상한 인연

떨어질 수도
붙어 있을 수도 없는

그런 사이

헤어지면 아쉽고
곁에 있으면 지겨운 사이

언덕 위 바람처럼
서성일 수밖에 없는 그런 사이

어째야 하나
어떡하면 좋아

가는 발걸음 아리고
오는 발걸음 시려워.

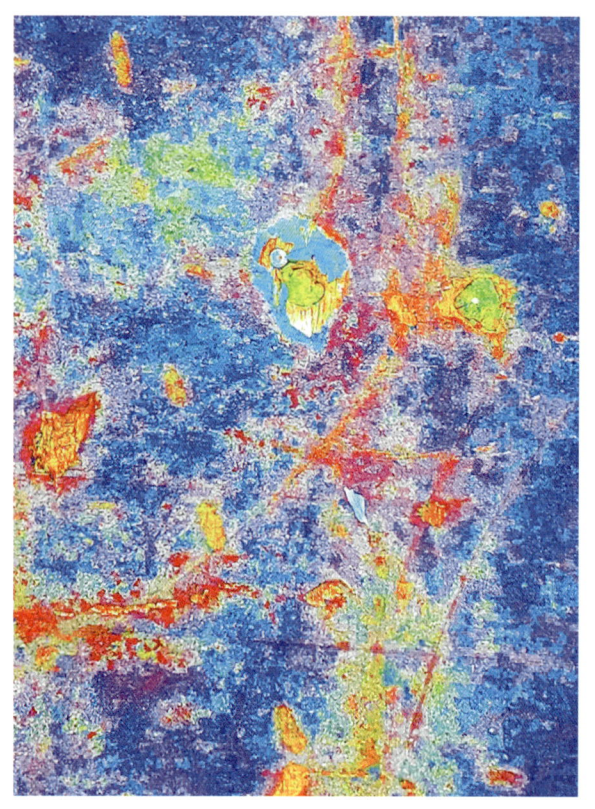

사랑아·35

백사장에서
남은 여생을 살고프다던
그대

세상으로 돌아가기 싫다며
두 발을 모래톱 깊이
묻어 버리던 그대

파도 치는 절벽에 세워진
별장 거실 소파에 백로처럼 앉아
시를 낭송하던 그대

해안의 펜션에서
마냥 수평선만 바라보며
한평생 늙어가고 싶다던 그대

세상 끝까지 뒤져서라도
나 같은 운명을

기어이 되찾아 오겠다던 그대

보고파라
몸서리칠 만큼 보고파라.

사랑아 · 36

차를 산다면
빨강차를 사달라던 그대

그 전까지는 배꼽 나온
핫팬티 차림으로 걸어다니겠다고
고집하던 그대

지나가는 빨강차만 보면
어김없이 손가락으로 가리키며
감탄하던 그대

입술 연지조차 짙은 빨강으로
빨강 미소에 빨강 웃음소리
좋아한다던 그대

지금은 어디서
빨강의 시를 쓰면서
빨갛게 살아가고 있는지.

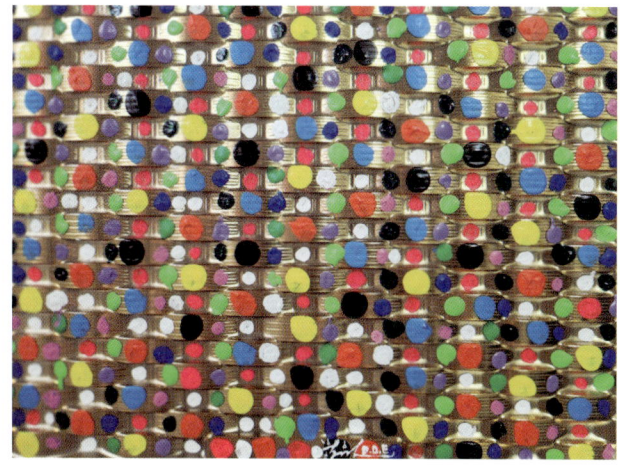

사랑아·37

즐거울 때나 슬플 때나
괴로울 때도
늘 노래를 부르는
그대

마이크만 잡으면
두 눈을 감고 이국땅에 선 듯

감미롭게 때로는 격정적으로
감정의 굴곡을 넘나들며

영혼의 빛으로
때로는 눈물겨운 빗방울처럼

웃고 웃으며
때로는 흐느끼며

이 세상 사람이 아닌 듯

리듬 속으로 쏘옥 잠기는
그대

황홀히
때로는 초연히

멜로디를 연거푸 삼켜대며
전설의 숲속
날개 잃은 천사가 되어 버리는
그대.

사랑아·38

다시 태어나면
미녀 대회에
꼭 한 번 나가보고 싶다며
빙그레 웃던 그대

모래톱을 걸을 때도
모델의 워킹을 흉내내며
걷기를 좋아하던 그대

세계의 미녀들이
해안을 거니는 사진을 보여 주며
그 안에서 자신의 모습을
찾아보라던 그대

지금은 가고 없는
저 푸르른 파도 소리 위에
하얀 갈매기 울음소리로만
쓸쓸히 대답하는 그대.

사랑아·39

청바지를 입게 해줄 때까진
산에서 내려오지 않겠다고
떼쓰던 그대

무엇을 하든
꼭 내 허락을 받아 하던 그대

왜 내 결제가
매번 필요했을까

왜 내 안내를
일일이 원했을까

기꺼이
구속되기를 바랐을까

매 순간
자신의 존재를 알리고 싶었을까

어느 한 순간도
잊고 살 수 없도록
온 세포와 온 영혼에
각인되기를 원했을까

알 수 없는 그대
그 깊이를 도저히 가늠할 수 없는 그대

오늘은
유달리 보고 싶어라
그리워라.

사랑아·40

할 수만 있다면
화려하게 살아가고 싶다던
그대

수많은 꽃 중에서도
흑장미만을 유독 좋아하던
그대

꽃향기에 취한다며
꽃에 관한 노래들을
곧잘 불러대던
그대

잠시만 보이지 않아도
어디 갔다 왔냐며 채근하던
그대

자신은 홀로는 서 있을 수 없다며

늘 곁에 있어 달라던
그대

주변의 모든 아름다운 것들에게
아름다운 마음을 보내줄 줄 알았던
그대

저기 물안개 속으로 흘러 흘러
산기슭 따라 추억 따라
아련히 사라져 버린
그대.

사랑아·41

애끓는 목소리와 환희에 젖어
흐느끼는 목소리가
늘 겹쳐

왜 그러는지
알 수 없어

그대만 떠오르면
두 가지가
늘 겹쳐

보드라움과 쌀쌀함
지순함과 야수성

바위와 바람
낭만과 현실

늘 같이 존재해

늘 겹쳐

지금도 그래
숱한 세월이 흘렀지만
가슴 가득 차오르는 건

그리움과 차가움
조화롭게
늘 겹쳐

사랑아·42

그대는
살결 곱고 마음 착해

귀가할 때는
늘 미소로 반겨 주고

입술이 열정적이고
온몸이 불덩이 같아

껴안기는 느낌이
마치 꽃향기에 젖은 나비춤 같아

열정을 휘감는 손길이
계곡을 찾아온 이글거리는 눈빛 같아

그대 앞에서는
모든 게 깨끗해져 버려

가슴도 마음도
영혼까지 모조리
눈부시도록 깨끗해져 버려.

사랑아·43

속 깊은 돌자궁이 물기 머금은
뒤란의 돌확에서 태어나
집안으로 들어온 그대

말끔히 빨래 청소까지 다해 준 건
고마운데

다정히 대화 투정 불만
다 들어준 건 좋은데

뜨겁게 안아 주고
키스해 준 건 행복한데

도대체
동쪽의 문이 푸르스름히 열리는
새벽만 다가오면
어디로 가는 거야?

뒤란 돌확도 가 보고
감나무 밑도 가 보고
창고도 가 봤지만

그 어디에도
그대의 흔적은 없었어

도대체
어디로 간 거야?

사랑아·44

쏟아지는 잠 그 무거운 그늘 아래로
철철 흐르는 그리움을 보았나요

몸을 가눌 수 없을 정도로
피곤한데도
끈적끈적 보고픈 저녁나절을
느꼈나요

가질 건 다 가졌는데도
마치 허리뼈 하나 없는 듯
허전한 한밤중의 공허를
맛봤나요

이리 저리 둘러봐도
의지할 곳 없어
쓸쓸한 시간을 껴안아 봤나요

노래를 들으면 들을수록

몸이 가라앉아
옴짝달싹조차 할 수 없는
슬픈 가슴을 지켜본 적 있나요.

사랑아·45

드디어 알아냈어요
날 밤낮으로 놀라게 하고
또 울리기만 한 그대

그대가 사는 곳을 알아냈어요
풀장을 겸한 연못에 사는 그대

고요와 그림자와 한낮이
쉴 수 있는 의자가
네 개나 늘어서 있고
우윳빛 파라솔이
세 개나 펼쳐져 있고

초가집에서
딱 혼자서 살아가는 그대

간혹 하늘이 푸르디푸르러
구름 한 점 없이 해맑은 달밤

어느 날
수평의 오후 접었다 펴며
나비 날개 달고 날아와
나만 만나고

나와만 오붓한 시간을 보내며
나만을 환희에 젖게 한 뒤
여명 속으로
홀연히 사라지는 그대

언제나 은은하고
신비롭고 아름다운 그대.

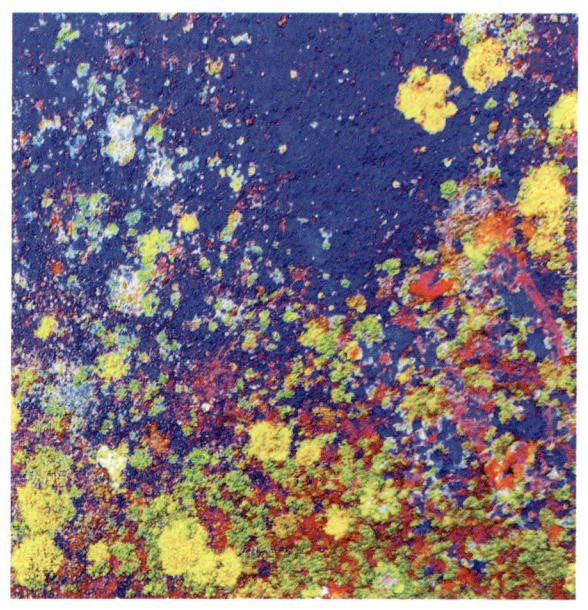

사랑아·46

가슴이
아리 아리 저려 오는데
어떡해

잔잔하던 마음이
이토록 소용돌이치며 보고픈데
어떡해

마음 구석구석
똘똘 차지하고 들어앉아서
마구 응석 부리고픈데
어떡해

내일 당장
지구가 멸망한다 할지라도
뜨겁게 사랑하고픈데
어떡해

인생을 다 포기하고서라도
그대의 관심과 눈길을
몽땅 쟁취하고픈데
어떡해

세상만사 그 어떤 것도
눈에 들어오지 않고
오로지 그대만이 욕심나는데
어떡해.

사랑아·47

그대를 위해 그대 미소를 위해
오늘은 화단을 만들었어요

모래 섞은 시멘트
철물점에서 사 가지고 끙끙 들고 와

적당히 물과 공기와 낭만과
애틋한 감성을 섞어
앙증맞은 꼬마 화단을 만들었어요

여기다
철마다 다시 피는 꽃들만 골라
심을 거예요

그대 향한 그리움을 노래하는
꽃들은 뭐든 사 가지고 와
빽빽하게 심어 놓을 거예요

보고 싶어 깊은 밤 울 때마다
가슴깃에 받아놓은 눈물을
수시로 뿌려 주어

세상에서 가장 어여쁘게
꽃피어나게 할 거예요

모든 꽃들이 송이 송이
꽃향과 시향을 얹어 찬란히 피워 올릴 때

오세요 구경하러 오세요
바람같이 오세요
기다림의 떨림같이 오세요.

사랑아·48

저녁밥을 다 지어 놓고
아무리 기다려도 소식 없군요

꽃무늬 상보 열고
혼자서 청승맞게 밥 먹어야 할까 봐요

외로이 누워 있는 조선오이는
우적우적 베어 먹고

초라하게 떨고 있는 배추 상추는
된장과 고추 얹어 와삭와삭 씹어 먹고

빳빳이 노려보고 있는
못생긴 피망은
색깔별로 처형시켜 버리고

딱 한 마리 남은 새끼조기는
보드라운 속살만 골라

우아하게 먹을 거예요

맨 마지막으로 잘게 썬 울음 탄
냉커피 한 잔
흐느끼며 마시면 식사 끝.

사랑아 · 49

고민 중
봄날엔 늘 고민 중

한여름이 눈부시게 쏟아지는
태평양 백사장으로 갈까

아니면, 현란한 축제로 뜨거운
열정의 브라질로 갈까

보름간의 여행을 위해
무려 3년을 준비해 왔어요

알싸한 낭만도 모으고
구렁이알 같은 시간도 모으고
꼴보기 싫은 돈도 모으고

가슴 조이며 세파의 널름거림과
연일 싸우면서

이제
딱 하나만 남았네요

같이 갈 친구
연인 같은 그런 친구
어디 없나요?

이 밤이 가기 전에
연락 주세요
꼬리만 살짝 보이고
늘 자취를 감춰 버리는
얄궂은 그대여.

사랑아·50

오늘 그대를 만난 건
두 번째

한 번은 패션쇼에서
또 한 번은 야구장에서

패션모델로
때론 운동선수로
청춘을 불사르는 그대

그 열정 앞에
우주의 그 어떤 에너지가
망설일까요

달아날래야 달아날 수 없는
운명까지

모조리 자석으로 끌어당기듯

쏘옥 빨아 버리는 그대

이리 저리 발버둥쳐 봐야
뭘 하겠어요

오늘밤 이후로는 순종할게요
그대가 원하는 대로
그대가 이끄는 대로 따라갈게요

이 세상에서
가장 아름답고도 무서운 그대여.

사랑아·51

한 팔 뻗으면
닿는 곳에 늘 있어 줘서 고마워

어떤 투정 부려도
미소 머금고 들어 줘서 고마워

깜박 졸다가 깨면
아늑한 품으로 껴안아 줘서 고마워

피곤하고 나른할 땐
온몸을 골고루 안마해 줘서 고마워

부끄러운 줄시라도
봄빛 같은 입술로 낭송해 줘서 고마워

시시때때로 찾아와서
반찬이랑 빨래랑 챙겨 줘서 고마워

막막하고 답답할 때마다
별빛처럼 긴 선 그어 줘서 고마워

눈물 머금고 바라보면
은은한 물안개처럼 키스해 줘서 고마워.

사랑아·52

시멘트 바닥 위에
벽돌 울타리 세워
화단 만들고 있을 때

동네 할머니가 쪼그리고 앉아
구경하다가 한마디 던진다

뭐 하러 꽃밭 만들고 그러누?
네? 꽃을 싫어하세요?
싫어해
꽃을 싫어한다구요?
아니, 꽃이 나를
꽃이요? 왜요?
녀석들은 일 년만 살지만
난 더 살거든
몇 년 전부터 죽고 싶었는데
그게 잘 안 돼

할머니는 뒷짐 진 손에서
흑장미 한 그루 꺼내 건네주고는
말없이 골목길을 사라져 갔다

나는 멍하니 서 있다가
가장 양지바른 곳에
그 장미를 꾹꾹 눌러 심었다.

사랑아·53

수화기 들고
무한히 들어 주고파

재잘재잘
밤새도록 들어 주고파

불평까지도
부드럽게 들어 주고파

꾸벅 졸다가도
대꾸하며 들어 주고파

줄곧 미소 지으며
마음향까지 들어 주고파

높낮이도 눈높이도 맞춰
아름다이 들어 주고파.

사랑아·54

커피향 속으로 새가 날아
저기 저렇게 높이 높이

요정들도 같이 날아
마치 나비 같아

구수한 터널 속으로
낭만의 바람 타고 훨훨

용서할 수 있다고 외치며
포용할 수 있다고 쫑알거리며

앞서거니 뒤서거니
함께 날아

뒤처질 것도 앞설 것도 없이
평화롭게 날아

천둥 치는 폭우 속도
심란한 내면의 우박이
후두둑 후두둑 쏟아져도
한가롭게 날아.

사랑아·55

전혀 때묻지 않았어
그런 모습이 좋아
꾸미지 않아 좋아

빵야 빵야 권총 쏘듯
손가락총들
숨가삐 쏘아대는 그대

아주 강력한 사랑의 탄환이라며
무수히 꽂아 버려 꼼짝할 수 없을 거라며

이후부터는 온전히 자기만의 거라며
그 어떤 이도 자기 외엔 욕심낼 수 없다며

침 발라 놓아
영원히 소유하게 됐다며

깔깔깔 웃어대며

행복해 하는 그대

그대는
진정 나의 주인입니다

나는
진정 그대의 종입니다.

사랑아·56

어떤 길을 가도
이해해 주길 바래

그대의 틀을 벗어나도
아껴 주길 바래

넝쿨장미 꽃잎들이
정겹게 떨어져 있는 골목길을
천천히 걸어 주길 바래

슬픔이 치솟을 때는
옹달샘물처럼 더 상큼하게
다가와 주길 바래

어둡고 두려운 동굴 속에서도
잡은 손 놓지 않고 끝까지
밝은 미소로 안내해 주길 바래

온몸에 힘이 쭉 빠져
우울하게 쪼그리고 있을 땐
아늑히 노래 불러 주길 바래.

사랑아·57

거기 절벽 위에서
살아가고 있을 즈음

폭풍우가 몇 차례
지붕을 날려 버렸지요

몇 번이나
그 집을 포기하고 떠나려 했었지요

그때마다
멀리서 다가오는 목소리

그게 갈매기 소리인지
지평선의 울부짖음인지

끝까지 바라보라
그 의미가 뭔지 미처 알지 못했지만

좀더 머무르며
지붕을 수선했지요

앞으로 몇 번이나 더
이런 수고로움을 감당해야 할지 몰라요

지금까지처럼 견뎌볼게요
아름다운 순간을 위해
그 전율하는 만남의 순간을 위해.

사랑아·58

욕심인 줄 잘 알아요
그래도 욕심이 나요

그대랑 함께 살고 싶어요
매일 매 시간
붙어서 지내고 싶어요

함께 해안을 거닐고
함께 식사도 하고
함께 꿈꾸고 싶어요

더불어 가고 더불어 오고
같이 옷 입고 같이 옷 벗고

항상 하나처럼
항상 한몸처럼

몸과 맘과 생각까지도

일치시켜

그렇게 여생을 보내고 싶어요
지나친 욕심인가요

안 되는 줄 알면서도
오늘따라 성가시도록 욕심이 나네요.

사랑아·59

가장 어둡고 가장 슬플 때
가장 외롭고 가장 두려울 때

맘을 내미는 그대
진정 나의 사람

나머지 모든 시간을
다 바쳐도 될
진정 나의 사람

가장 빛나는
정성을 쏟을 만한
진정 나의 사람

마지막 순간까지
잡은 영혼 놓지 않을
진정 나의 사람.

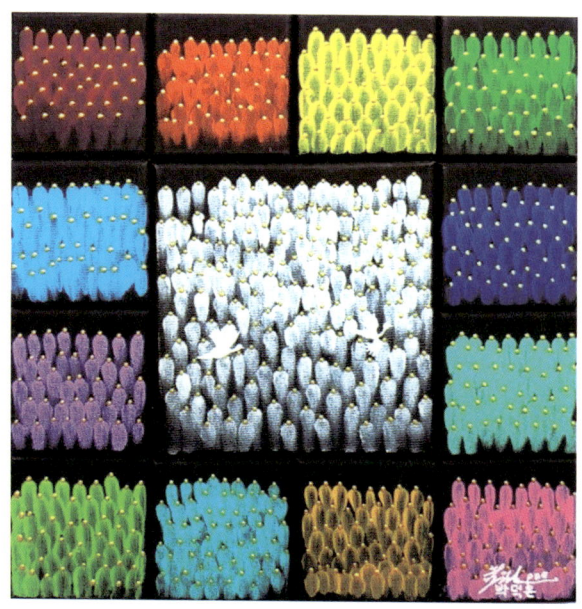

사랑아·60

살아가면서
찾고자 했던 게 뭘까

걸어가면서
만나고 싶은 게 뭘까

왜 나는 지금
꽃밭 앞에서 울먹이고 있나

비가 올 때도 쉬지 않고 일궜던
귀여운 꽃밭 앞에서

고개 숙이고 있던 꽃들이
햇볕 받아 고요히 웃고 있는데

왜 나는 지금
눈물 글썽이고 있나

찾아온 나비가 눈치챌까 봐
넝쿨장미가 흙담 너머로
애써 눈길 향하고 있는데.

사랑아·61

추억의 파노라마는
이미 멜로디 속으로 빨려들어
창가로 내려왔어요

지상의 비망록 자분자분 써 내려간
작은 화분과
작은 항아리 만나
지금 한창 얘기 중이에요

어디로 돌아왔니?
어디까지 갔다 왔니?

낮과 밤의 지층 켜켜이 깔며
바닥에 깔린 조약돌도
꿈결처럼 달싹이며 재잘거려요

이제
눈을 감을 시간

부디 행복하세요
다들 나처럼.

사랑아·62

계절도 가고 추억도 가고
희망도 가더라도

창 곁에 남아
변함없이 애정의 눈길 던져 주는
넝쿨장미처럼

외롭고 허전하여
먼길 걸어 찾을 때마다

정겹게 너른 품으로
안아 주는 절경처럼

새삼 느껴요
마음 가득 가슴 가득

그대가 내게
필요한 존재라는 걸

한두 번이 아니라
영원토록 필요한 존재라는 걸.

사랑아·63

요즘
뭐하고 지내나요

그토록 아름다운 추억을 남겨 두고
도저히 잊을 수 없고 잊혀질 수 없는
뜨거움을 심어 놓고서
어찌 이럴 수 있나요

뾰족하여 하늘 찌를 듯한
바위 꼭대기에
나만 덜렁 버려둔 채
어디 갔나요

너무 무섭고
너무 두려워요

부디 돌아와 줘요
저 푸른 바다 물결이
노을빛으로 처절히 물들기 전에.

사랑아·64

지금 먹는 이 커피
그 맛 아니에요

약간 쓰고 텁텁해요
그대가 타 준 맛은
이러지 않았죠

약간 구수하고
은은했는데

세월 탓일까요
슬픔 탓일까요

예전의 그 맛이
그리워요

그대는 가고
구름처럼 물안개처럼 가고

이렇게 찻잔만 남아

찻잔 속의 꽃무늬와
그리움만 남아

아,
남아...

사랑아·65

몇 년에 걸쳐
화단에 백장미만 키워온 이유

매번 물을 때마다
웃고 넘겨 버렸죠

이제야
답변해 드릴게요

피고 피고 또 피어나
백 송이가 될 때
모조리 꺾어

세상에서 가장 우아하고
정숙한 꽃다발을 만들어
그대에게 바치고 싶었기 때문

화원에서 산 게 아닌

직접 내가 심고 가꿔 피워낸 꽃으로
그대 품에 안겨 주고 싶었기 때문

오늘에야
그대의 궁금증 풀어 주게 되어 기뻐요

자, 받으세요
나의 꿈과 정성과 생명을
일평생 변치 않고
온전히 바치는 나의 사랑을.

사랑아 · 66

아침부터 밤늦게까지
피아노만 치며 세월 보내고 있는
그대

무슨 괴로운 일 있나요
내게 얘기 좀 해 봐요
다 들어 줄게요
맺힌 게 있다면 풀어 버려요

이별 때문인가요
실망 때문인가요
아니면, 아픔 때문인가요

나라도
그 빈자리 대신하면 안 될까요
내가 어떻게든 채워 주면 안 될까요

말 좀 해 봐요

아름다운 사람아

여기
내가 밤새도록 정성껏 꾸민 꽃다발
탁자 위에 놓아 두고 갈 테니

부디 마음 풀어요
나의 소중한 사람아.

사랑아·67

어지러진 침상을 치우며
가슴이 울먹울먹

뚜렷한 이유가
있어서가 아니에요

봄 날씨가 너무 좋아
그러는 것도 아니에요

구태여
떠올리고 싶지 않아요

그대가 늦잠 자고 일어나면
코앞에 갖다 주던
그 커피향이 그리운 것도 아니에요

잉어가 한가롭게 노니는 연못가에
자목련처럼 서 있던 그대 모습 때문은

더더욱 아니에요

그대가 떠난 지
오래도록 묵혀 두었던 먼지
그놈의 먼지 때문이에요.

사랑아·68

찬장 청소를 하다가
우연히 발견한
그릇 한 세트
딱 다섯 개

하나는 나
하나는 그대
하나는 아들
하나는 딸
하나는 우리 꿈

이렇게 차지하도록
놔 두었던 그대

창가는 그대로인데
그 창으로 바라보이는
하늘도 그대로인데

어이 소식 한 톨 여태 없나요
밀려오는 햇살은 저토록 눈부신데
미어지는 가슴은 이토록 시려운데.

사랑아·69

내 무릎과 허벅지를
그 친구의 것이라 여기세요

잠시 잠들어
슬픔도 아픔도 깡그리 잊으세요

하나밖에 없는 친구 잃고서
세상 다 잃었다고 단정하지 말아요

찾아보면
친구 많아요

숲도 새소리도 물소리도
이파리들 사이로
와르르 쏟아지는 저 햇살들도
다 친구잖아요
그러니 울지 말아요

두 눈을 감고 가슴도 닫고
잠시 휴식을 취해 봐요

이렇게 그대만을 아끼고
그대에게 온 맘 온 삶을
다 바칠 준비가 되어 있는
내가 그대 곁에 있잖아요.

사랑아·70

만든 꽃밭에 심을
꽃을 사러 갔어요

화원의 꽃들이
일제히 미소 지으며 반겨 주더군요

다 사고 싶었지만
내년에도 그 다음 해에도
또 그 다음 해에도
피고 피고 또 피어나는
꽃들만 골라 사 왔어요

그대가 그랬잖아요
고향이 내려다보이는 그 언덕에서
하늘 높이 외쳤잖아요

해마다 피고 피고 또 피어나는
우리 사랑 영원하라

그 말을 떠올리며
꽃을 심고 있어요

지금 이렇게
알콜중독자처럼 떨리는 이 두 손으로.

사랑아·71

오늘은
무작정 집을 벗어나 들녘으로 갑니다

길 따라 따라오는 꽃향들
가슴 깊이
계절의 의미와 가치를 심으러
애쓰고 있네요

그래도 가슴 닫고 맘 닫고
발끝만 노려보며 걸어갑니다

오래 되어 빛바랬지만
여전히 신을 수 있는
이 구두가 얄밉네요

어디든 그대가 있는 곳으로
데려다 줄 듯

외출을 시도하지만
결국에는 오던 길로 다시
되짚어 가고야 마는 구두

그대나 구두나
둘 다 야속하네요.

사랑아·72

문득
같이 해외여행을 갔던 때가
떠오르네요

거대한 여인 조각이 팔 하나를 괸 채
나신으로 눈 지그시 감고 누워
관광객들을 맞이하고 있었지요

그 앞에서 느닷없이
껄껄껄 웃던 그대

왜 웃느냐 묻는 내 말에
그저 껄껄껄 웃음으로 답하던 그대

아직도 궁금해요
그 웃음의 의미가 뭔지

혹시 풍요라는 그 생각 때문?

여러 명의 자식을 얻게 해달라고
간곡히 빌었기 때문?

단 하나의 열매도 없이
훌러덩 떠나 버린 그대여

도대체 그때
왜 그토록 크게
껄껄껄 웃었나요?

사랑아·73

어느 날 무작정 떠났던
강원도 동해안 산골 메밀꽃밭

물씬한 사투리로 기둥 세운
거기 원두막에서
많은 얘기를 나눴지요

문학과 철학, 인생과 종교
심지어 꽃밭의 비밀까지

얼마나
그 대화들이 상큼하고
싱그러웠는지 몰라요

떠나고 싶지 않을 만큼
노을이 깔려도 일어나고 싶지 않을 만큼

한적함과 여유로움에 젖어

그 안에서 깨어날 생각조차 하지 않고

어스름이 밤의 발뒤꿈치 깨물 때까지
막연히 앉아 어둑어둑한 시간까지 쪼개가며
아쉬움을 마시고 있었지요

지금 되돌아봐도 소중한 시간
아름다운 순간이었네요

그때가 몹시 그리워요
이처럼 할 말 없는 일요일 아침에는 더더욱.

사랑아·74

자동차는 말고 자전거만 다니는
도로가 있었으면 좋겠다던
그대여

우리 동네에
그 소원이 이뤄졌어요

개천을 따라
쭉 나아가다 보면
들꽃들이 양옆으로
어여쁘게 수놓여진 빨간 길이 나와요

차는 한 대도 보이지 않고
산책하거나
인라인스케이트와 자전거 타는
낭만만 가득

이곳으로 오세요

한가한 날엔 머리도 식힐 겸
옛 추억도 맛볼 겸

봄바람처럼 오세요
어서 어서 오세요.

사랑아·75

지평선과 수평선이
다정히 이마 맞대고 있던 자리

그곳에 놓인 산책길은
정말 행복만을 안겨 주었죠

나란히 서서 걸을 때도
업혀 갈 때도
어깨동무 한 채 거닐 때도

마냥 설레고
기쁨 넘실댔죠

파도 소리랑 갈매기 소리랑
풀잎들 스치는 바람 소리랑
한데 어우러져

애틋한 눈길이랑 달콤한 입술이랑

붕 허공에 떠
더욱 달궈진 가슴이랑
한데 버무러져
한없이 출렁대고 있었죠

이따금 미치도록 가고픈
바로 그 길을 걸을 때면.

사랑아·76

모처럼 산행을 할 때조차도
시간이 앞뒤로 넉넉한데도

서둘러 계단을 오르던
그대

애써 따라잡아도 몇 분 뒤면
저만치 앞서가는 그대

발걸음이 유달리 빨라
보조 맞춰 걷기가
좀처럼 힘들었던 그대

오늘도
바쁘나요?

나의 일기장은
휴일 내내 긴긴 하품만 하고 있는데

지금도 그대는
그 발걸음처럼 여전히 바쁘나요?

사랑아 · 77

잘 들으세요
나의 집을 찾아오려면
우선 꽃마차에서 내려
꽃동굴로 걸어오셔야 해요

온통 노랑꽃들이 양옆에서 위에서
꿈결처럼 웃으며 반겨줄 거예요

그 다음에는
튤립과 꽃양귀비 줄지어 서 있는
정원을 지나

어여쁜 싸리울타리에 주렁주렁 매단
넝쿨장미의 눈길을 통과해야 해요

그리고는
1001가지 꽃들이 방긋거리는 거실을
그리움으로 건너야

비로소
제 방에 다다를 수 있어요

그대여,
오늘밤 오시렵니까.

사랑아·78

기다릴래요
세월이 아무리 많이 흘러도
무지막지하게 빠르게 스쳐갈지라도
기다릴래요

하루 하루
한 달 한 달
몹시 힘들겠지만

한 철 한 철
한 해 한 해
지독히 고통스럽겠지만

기다릴래요
스스로
목숨을 끊지는 않을래요

가슴 뚫고 지나가는

한숨도 통곡도 칼추위도
모조리 견뎌낼래요

두 눈이 짓뭉개지고
영혼이 널브러질지라도
한 톨의 바람이라도
붙들고서 기다릴래요.

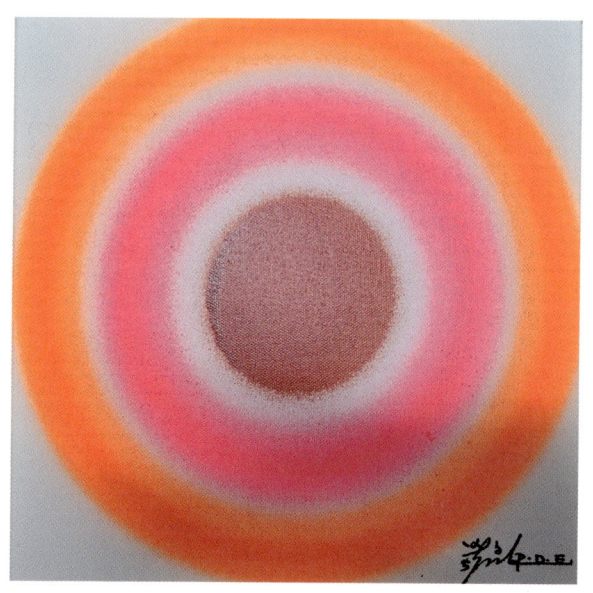

사랑아·79

아침부터 밤까지
일만 하다 죽는 거 싫어요

땀내 기름때에 젖어
진종일 지내긴 싫어요

일할 땐 일하고
놀 땐 놀고 싶어요

해종일 열심히 뛰고
해 질 녘엔 우아한 옷으로 갈아입고
나들이하고 싶어요

뮤지컬도 보고 영화나 연극도 보고
품격 있는 쇼핑도 하고 싶어요

다람쥐처럼 돼지처럼
맨날 그게 그거인 헛바퀴 돌리기는 싫어요

간혹 꼬리가 긴 낭만 같은
꽃향기 맡으며 시도 쓰고 싶고

꼬불꼬불 오솔길 한가롭게 거닐며
세상에서 가장 멋스런 데이트도 하고 싶어요.

사랑아·80

이상하죠
심하게 울적할 때나
구멍 뚫린 듯 괴로울 적에
난 춤을 춰요

방구석에서건 길거리에서건
강둑에서건 가리지 않아요

이상하죠
지독히 화가 날 때나
몸이 떨리듯 외로울 적에도
난 춤을 춰요

가랑잎 위에서도 가랑비 속에서도
눈보라 앞에서도 미친 듯이 춤을 춰요

이상하죠
배고파 쓰러지려 할 때나

눈물이 나도록 그리워 몸이 녹아날 때도
난 춤을 춰요

누가 보든 안 보든
걸어가는 현실에서는
잠들어 있는 꿈속에서든
무작정 춤을 춰요.

사랑아·81

꿈만 꾸고 있을 순 없어요
일어설게요
직접 두 발로 걸어갈게요

상상만으로 추억만으로
살아갈 수는 없잖아요

오늘부터는
씩씩하게 명랑하게

걸음걸이도 얼굴 표정도
손짓 발짓도 우아하게

그리할게요
염려 말아요 죽지는 않아요

아무리 세파가 거칠고
거세고 험악해도 죽지는 않아요

꿋꿋이 꾸려 갈게요
오늘부터는 바로 이 순간
이후부터는.

사랑아·82

아침 일찍 일어나 화단에 물을 주며
꿈의 너비를 재요
은빛 반짝임으로
쏟아지는 물줄기 그 수만큼

울컥 치미는 목울대의 울음이
잘게 부서져 내려
꽃의 뿌리를 에워싼
흙속으로 들어가고 있네요

겨드랑이의 시리고 아린 촉감까지
허리선을 타고 흘러
발뒤꿈치로 내려가고 있네요

언제까지 이토록 적막하게
꽃에 물을 주며
외로운 향기에 젖어 젖어
홀로 살아가야 하는지

창틈으로 새어나오는 저 노래마저
방향을 잃고 쓰러져
방울방울 차가웁게
물방울에 젖어가네요.

사랑아·83

나 비록 아둔하고
배운 게 없고 가난하지만
고개와 턱을 빳빳이 쳐들고
멋지게 살래요

하늘이 내려준 육체와 마음을
잘 가꾸고 다듬어
계곡의 풀꽃처럼 들녘의 들꽃처럼
강가의 물꽃처럼
아름답게 싱그럽게 살아갈래요

하늘이
나를 다시 데려갈 때까지
하루 하루 소중히 여기며
한 시간 한 시간
의미 있게 보내며 살아갈래요

이처럼 외로워도

그대 없이 보내는 수많은 밤
너무나 견디기 힘들어도
참고 살래요

행복이 폭포수처럼
쏟아질 그날을 위해
오늘도 꿈결같이 살래요
기다리며 기다리며
향긋이 살래요.

사랑아·84

모처럼 봄나들이 나왔어요
갇힌 공간이 너무나 답답해서

실바람이라도 쐬이기 위해
여러 날 외출도 없이
많은 생각을 했어요

그대 없이 나 혼자 살아간다는 거
그거 불가능해요

그대 위해 사 둔 별장까지
아무 의미가 없어요

나 홀로 이 세상을 살아간다는 거
그거 상상할 수 없어요

어떡하면 좋아요
이 쓰린 가슴을

가만히 서 있어도 줄줄 흘러내리는
이 쓰디쓴 외로움을.

사랑아·85

이렇게 웃고 있어도
먹구름과 파열음이 몰려 있는
내 몸의 상처는 많아요

허벅지에도 가슴속에도
영혼벽에도
비록 화려하게 살고 있어도
내 몸의 슬픔은 많아요

생의 얼룩이 태풍으로 몰아치기 전에
더는 기다릴 수 없다는 아우성
머리끝에서 발끝까지 오르내리며
야단법석을 떠네요

오늘은 일단
영화나 하나 보고 올래요

나처럼 가련한 배우의 인생을 보며

손톱만큼이나마 위로를 받으러
지금 이렇게 우아한 차림으로
현관문을 나서고 있네요.

사랑아·86

며칠째
나의 내면과 싸우고 있어요

되도록 화려하게 살아가자
되도록 수수하게 지내자

될수록 신바람나게 즐기자
될수록 은은하게 가꾸자

어느 것 하나 추켜들고 가고픈데
이것도 저것도 손에 잡히지 않아요

눈을 떠 보면 늘
고개 들어 보면 늘
그대 생각뿐

밥을 먹어도 길을 걸어도
앉아 있어도 누워 있어도

그대에게로 향하여 줄달음치는
나의 모습뿐

그러니
그 어떤 선택을 할 수 있겠어요
그 어떤 시도를 할 수 있겠어요.

사랑아·87

오늘에야 나를 돌아봅니다
무슨 일이 있었는지
왜 그동안 두문불출했는지

무엇이 날 괴롭혔는지
어떤 점이 가장 슬펐는지
점검하기 위해 멀리 떠납니다

자연의 모습에서
그 흐름에서
나를 냉정히 돌아다보렵니다

왜 이토록 잊을 수 없는지
세포 하나 하나
왜 갈증을 느끼고 있는지

어디까지가 그리움의 끝이고
어디까지가 고뇌의 끝인지

오늘에야 훌훌 추억을 털어 버리고
마음의 유랑길에 올라
산천과 내면을
찬찬히 구경하고 느껴 보렵니다.

사랑아·88

모기나 바퀴벌레가
무서운 게 아녜요

밤의 적막 그 위로 맴도는
추억이 무서워요

도통 잠을 재우지 않아요
모기처럼 허공을 뱅뱅 돌면서
수시로 허파를 쑤셔대요

바퀴벌레처럼 침상 위로
사사사삭 기어올라
시도 때도 없이 옆구리를 갉아먹어요

이러지 마요
떠났으면 그만해요
그 어떤 흔적도 그 어떤 회한도
남기지 않겠다 했잖아요

이제 날 그만 놔둬요
그나마 조금 남은 우아한 연민까지
망가뜨리지 말아요

아름다운 정경을 나란히 바라보며
다독여 놓았던 그 예쁜 감성만은
그대로 놔둬요.

사랑아 · 89

항상 바쁘다고 늘 정신없다고
시간을 하늘에 맡기고
살아가는 그대

오늘도 멀리서만 바라보고
만나지도 못하고 돌아왔어요

허구헌 날
저녁 노을의 풍경처럼
나에게는 멀기만 한 그대

언제나 한 번 넘치는 여백 위에
이 그리움을 맘껏 색칠해 볼 수 있을까요

날이 갈수록
아쉬움만 쌓이고 쌓여
같이 거닐던 그 강가는
자꾸만 초라하게 시들어가는데

오늘도 나는
시르죽이 힘빠진 발걸음만 옮기고 있어요.

사랑아·90

첫 대면 때
그대는 세차를 하고 있었죠

청바지에
상의만 걸치고서
환하고 빛나는 미소로
뚫어지게 쳐다보던 그대

그때부터 나의 심장과 의식은
마비되어 버렸고
인생의 방향과 가치까지
꽁꽁 얼어 버렸죠

그대가 말똥말똥 쳐다볼 때마다
나의 꿈은 하나씩 지워져 버렸고
기타 등등 모든 게
단순화되어 버렸죠

이제 남은 건
그대를 바라보는 황홀한 나의 눈길
그거 하나뿐

신비로운 그대 눈빛 속으로
한없이 빨려들어가는
운명 같은 나의 미래 그거 하나뿐.

사랑아·91

오늘에사 고백하지만
사실 난 골프 못 해요
한 번도 쳐본 적 없어요

일주일에 한두 번 골프를 하며
여가를 보낸다는 그대

부럽기도 하고
이질감이 느껴지기도 하고 그러네요
부러움과 시기심이
웅얼웅얼 목젖을 간지럽히네요

돈 많은 자가 되어
그대를 흡족히 만족시켜 주고
실컷 호강시켜 줄 수 있다면
얼마나 멋질까요

오늘도 마음속으로만

바라보고 좋아하는 나는
들녘에서 코스모스 몇 그루
공짜로 가져다
나의 작은 화단에 심어 놓고
그걸 바라보며 시 한 편 씁니다

할 일이라는 게
그것밖에 없네요.

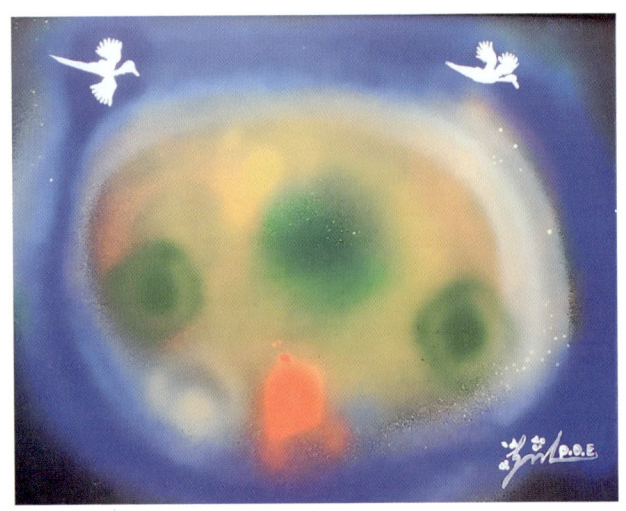

사랑아·92

아침 햇살이
침상에 신비로움을 걸칠 때
그때서야 부스스 눈을 뜨는 그대

어찌나 아름다운지
정면으로 바라보기 아까울 정도네요

커튼 저 너머 싱그러운 새소리
불러들여 보여 주고 싶을 만큼

산기슭 물안개랑 계곡의 폭포수 소리랑
전나무숲의 바람 소리랑 데리고 와
곱고도 엷은 화장까지 해주고 싶을 만큼

서광 입고
외출을 서두르는 그대 모습
더욱 아름다워요

앞모습도 뒤태도
꽃향기 위에 얹어
꿈속 꽃언덕으로 데려가고 싶을 만큼

그대 모습이 들어서면
그 어디나 천국이 되어 버린다는 거
아시나요

바라볼수록 더욱 오묘하고
지켜볼수록 더욱 은은하고 향그러운 그대.

사랑아·93

살 바엔
싱그럽게 땡글땡글하게 살자며
꽃향기보다 더 활짝 웃는 그대

운동장에 나타나 생기 넘치는
율동을 보이며

사는 맛과 멋을
한꺼번에 보여 주는 그대

길거리에서도 알바 중에도
데이트할 때도
변함없이 활기 넘치는
에너지를 발산하는 그대

어찌 그리 신선한지
어찌 그리 멋스러운지

태곳적부터 아껴온 찬사를
쏟아 보내고 싶어요

그대에게 진정으로
나의 모든 찬사를
폭포수처럼 보내고 싶어요.

사랑아·94

꽃밭을 일굴 때
어느새 추억의 등뒤에 서서
미소 지어 주는 그대

봄바람 휘날려
청보리밭이 출렁출렁일 때
죽도록 좋아한다를 수십 번 외치던
그대

한밤중에 전화기 속으로 들어와
소곤소곤
꿈결처럼 목소리 깔아놓고
미치도록 사랑한다 고백하던
그대

어디나 어느 때나
손잡고 따라다니고 싶다고 조르며
귀엽고도 앙증맞게 웃어쌓던

그대

죽어 다시 태어나면
내 강아지로 다가와
마지막 숨을 거둘 때까지
절대로 곁을 떠나지 않겠다고
수도 없이 다짐하던
그대.

사랑아·95

걸을 때도
차를 마실 때도
외로움을 느껴요

속옷을 입고 거울 앞에 설 때도
무대 앞에서 당당히 걸을 때도
외로움이 스쳐요

어찌 해야 하나요
숨쉴 때마다
어깨를 걸치고 휘감겨 오는
이 감정

어떤 상황에서도
어떤 꿈길에서도
어떤 현실에서도

무표정하게 가슴까지 핥으며

쏟아지는 이 외로움
어찌해야 하나요.

사랑아·96

그 해변 그 모래톱 그 잔파도
아직도 기억하나요

평생, 아니 날마다
잊을 수 없어요

불타는 내 눈빛 타고
깊이를 알 수 없는 그 눈망울 속으로
들어와 갇혀 버린 수평선 같은 추억을
어찌 잊을 수 있겠어요

보랏빛 같기도 하고
핑크빛 같기도 하고
연둣빛 같기도 한
우리만의 환희도
거기 걸터앉아 살아가고 있는 걸요

이따금 툭툭 튀어오르는

열정을 받아먹으며

애타게

찢어지는 듯한

아픔 같은 입술로 받아먹으며.

사랑아·97

어떤 게 예술이고
어떤 게 외설인지
낙엽에게 물어요

달싹달싹거릴 뿐
아무 대답이 없네요

할 수 없이 숲속을 찾아가
옹달샘에게 물었죠

생각의 시원이
답이라네요

어떤 각도로 바라볼 것인가
어디를 향해 눈길을 둘 것인가

달을 바라볼 것인가
손가락을 바라볼 것인가

그 생각의 갈래가 답이라네요

각자 바라보는 아름다움이
다른 게 아니라
그 생각의 방향이 답이라네요.

사랑아·98

노래방에서
노래 부르는 그대 모습

동반자를 부르면
동반자가 되고 싶었고
해변의 추억을 부르면
해변의 추억이 되고 싶었죠

노래하는 표정이
이국땅에 첫 발을 내디딘 듯
진지했고

노래하는 내내 감길 듯
우수에 젖은 눈빛이
매력을 더욱 발산하더군요

뱅뱅 돌아가는 조명등마저
의식을 잃고 헤매고 있을 때

무반주로
자작곡을 부르던 그대
멜로디 끝마다 매달리는
영롱한 사랑 고백

아름다웠어요
진정 사랑스러웠어요.

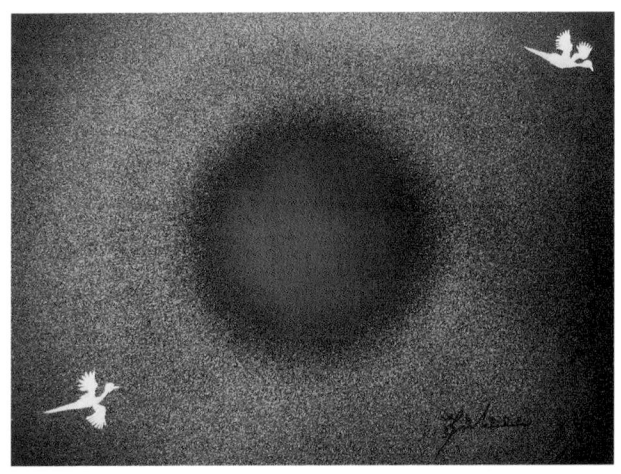

사랑아·99

밥 짓기 싫다 설거지도 싫다
방 청소도 싫다 요리도 싫다

딱 하나
빨래만 하겠다

즐기는 건
날마다 쇼핑하는 거
늦잠 늘어지게 자는 거
예쁜 옷 입고 어리광 피우는 거

그래도
어여쁘다 해줄 거죠

하기 싫은 건 하지 말아요
하찮고 귀찮고 성가신 거
궂은 거 다 내가 할게요
이렇게 말하는 그대

자기는 즐기기만 해요
원하는 거 하면서
기쁨 가득 행복 가득
실컷 누리면서 살아요
이렇게 말해 주는 그대
진정 사랑해요.

평설

김지우 시인의 첫 시집 출간을 축하하며

박덕은 (문학박사, 전 전남대학교 교수, 문학평론가)

　김지우 님은 전남대학교 간호학과를 졸업했다.
　그녀는 패밀리 골프장 대표를 거쳐, 강천 미술관 대표, 강천 조각공원 대표, 강천 예술관 대표, 강천 빌리지 대표를 겸직하고 있다.
　그녀는 월간지 《문학공간》 시 부문 신인문학상 수상으로 문단에 데뷔한 후 제5회 신정문학상 최우수상, 제3회 포랜컬쳐 문학상 대상, 제3회 산해정 치유문학상 최우수상, 오솔길 전국시화전 인의상 등을 수상했다.
　그녀의 저서로는 『꽃의 걸음이 고요하다』(공저)가 있다.
　자, 그러면 김지우 시인의 시 세계로 감상 탐방을 떠나보기로 하자.

어제의 습관과
구겨진 저녁의 귀퉁이까지 챙겨
이삿짐 싸는 데 하루
이삿짐 푸는 데 하루
이삿짐 정리하는 데 또 하루

이제서야
한가롭게 들길을 간다

나무 한 그루
덜렁 서 있고

그 주변에
유채꽃의 노란 춤과 향기가
유화처럼 앉아 있다

어딜 가나
계절의 붙박이처럼 꽃빛으로 뿌리내린
이런 정경이길 바래

옮겨 다니지 않고
한곳에 오래 오래
머물러 지낼 수 있는
그런 공간이길 바래

이삿짐조차
따라올 수 없는 한적한 들길에서

나지막이 나만의 노래를 부른다.
- 「사랑아·3」 전문

  이 시에서의 시적 화자는 사흘에 걸쳐 이삿짐을 싸고 풀고 정리하는 번잡한 과정을 끝낸 후 느끼는 해방감을 표현하고 있다. 새로운 장소로 근거지를 옮긴다지만 사실은 "어제의 습관과/ 구겨진 저녁의 귀퉁이까지 챙겨" 이사를 간다. 시적 화자가 끌고 왔던 길과 아픔과 그리움과 적막까지 주섬주섬 챙겨 이삿짐을 싸고 있다. 어떤 상황 때문에 어쩔 수 없이 이사하는 화자는 이삿짐을 푼 후 들길에서 만난 나무와 유채꽃을 보며 "계절의 붙박이처럼 꽃빛으로 뿌리내린/ 이런 정경"이 아름답다고 말한다. 화자는 붙박이처럼 어느 한곳에 뿌리내리기를 소망하지만 마음대로 안 되고 있다. 몸 누일 한 평의 평수도 허락되지 않아 이리저리 옮겨 다녀야 한다. 사실 화자의 깊은 내면에는 마음 기댈 사랑이 없어 부평초처럼 떠돌고 있다. "이삿짐조차/ 따라올 수 없는 한적한 들길에서/ 나지막이 나만의 노래" 부르고 있다. 무슨 노래를 부르고 있는 것일까. 제목이 「사랑아」인 걸 보니 추측이 가능하다. 떠돌지 않는 사랑, 한 사람에게 정착한 사랑, 감정의 붙박이처럼 꽃빛으로 뿌리내린 사랑을 만나고 싶은 것이다. 이 시는 '이사'라는 체험에서 빚어진 생각과 감정의 파동을 따라가고 있지만, 보다 더 근원적인 질문을 던지고 있다. 시는 이렇듯 소소한 일상에서 출렁이는 일련의 정서를 놓치지 않고 시적 시선으로 들여다봐야 한다. 감각의 뒤안길에서 발화하는 시가 거침없이 피어나 생각을 범람하게 하고 감정의 맥박을 뛰게 하면 된다. 시적 화자는 이사 후, 비로소 한가롭게 들길을 걷는 상황에 이르러, 나무와 유채꽃의 노란 춤과 향기가 유화처럼 펼쳐진 평화로운 정경을 마주하고 있다. 시적 화자는 잦은 이사 없이 한곳에 오래 머물며, 이삿짐조차 따라올 수 없는 한적한 들길에서 자신만의 노래를 부를 수 있는 공간을 소망하고 있다. 전체적으로 이 시는 복잡한 일상에서 벗어나 안정을 찾으려는 개인의 염원을 서정적으로 담아내는 데 성공하고 있다.

행복하고 싶다면
갖지 마
소유하지 마

그냥
작은 흔들림으로 봄의 탄성 포개는
들판의 풀꽃처럼
놔 둬

정원 안에
가두지 말고

울타리 속에
앉히지 말고

제멋대로 자라도록
놔 둬

그게
최선이야

뭐든
구속과 엉거주춤한 입맛에 맞게
가두고 손대는 순간

사라져 버려
진정한 기쁨도
순수한 애정도

산기슭 지나는
흰구름처럼
놔 둬

그냥
바라만 보는 거야

그게
최상이야.

- 「사랑아·6」 전문

    이 시에서의 시적 화자는 사랑과 행복에 대한 비소유적인 접근 방식을 제안하고 있다. 소유와 내려놓음 사이에서 우리는 수없이 흔들리며 살아간다. 아니, 소유와 더 많은 소유 그 사이에서 우리는 갈팡질팡하고 있다. 매순간 삶에서 마주치는 소유에 대한 갈망 때문에 우리는 괴롭다. 핸드폰을 소유하고 싶고, 자동차를 소유하고 싶고, 아파트를 소유하고 싶어한다. 소유의 이면에는 남보다 더 많은 것을 소유하고 싶은 욕망이 도사리고 있다. 내 손에 쥐어져야 내 것이라고 여기기에, 손으로 쥘 수 없는 향기도 손으로 쥘 수 있는 향수병에 담아 출시한 것이다. 허나 소유가 사랑과 연결되면 문제는 달라진다. 사랑을 소유하고 싶은 욕망이 앞서 상대방의 말과 행동까지 통제하려고 한다. 통제권을 내가 쥐고 있으면 상대방을 소유할 수 있다고 착각한다. 부모가 아이를 키울 때 어린아이의 안전을 위해서는 당연히 부모에게 통제권이 있어야 한다. 하지만 아이가 학령기에 들어서고 또 청소년기로 접어들면 그 통제권은 달라져야 한다. 부모의 통제권을 조금씩 내려놓으며 자녀가 스스로 자신의 통제권을 행사할 수 있도록 한 발짝 떨어져 있어야 한다. 자녀가 통제권을 제대로 쓰지 못해서 넘어져도 괜찮다. 넘어지면서 배우면 되니 그것 또한 스스로 통제권을 배우고 익히는 과정인 것이다. 남녀 간의 사랑도 그와 마찬가지다. 사랑에 대한 절반의 통제권이 나에게 있다면 그 나머지 절반은 상대에게 있다. 그걸 인정해 주고 기다려 줘야 한다. 사랑에 대한 타인의 통제권까지 내가 가져오려고 하면 안 된다. 그건 집착이다. 이 시는 그런 무거운 주제를 에둘러서 가볍게 다가가고 있다. 시적 화자는 이렇게 외치고 있다. "그냥/ 작은 흔들림으로 봄의 탄성 포개는/ 들판의 풀꽃처럼/ 놔 둬" 풀꽃이 자신의 통제권을 쓰면서 봄의 탄성을 포개면 우리는 그 아름다움을 바라보며 행복해 하면 되는 거라고 말하고 있다. 인위적이고 집착이 강한 '분재'라는 기형적인 틀이 아닌 들판의 풀꽃처럼 상대를 있는 그대로 인정하며 바라보라고 말하고 있는 것이다. 시적 화자는 행복해지기 위해서는 사랑하는 대상을 자유롭게 두어야 한다고 말하고 있다. 마치 들녘의 풀꽃이나 산기슭의 흰구름처럼 사랑을 구속 없이 바라보는 것이 가장 좋은 태도라고 설명한다. 무엇이든 억지로 가두고 손대려 하는 순간 진정한 기쁨과 순수한 애정은 사라져 버린다고 경고한다. 그리고, 시적 화자는 사랑을 소유하려 들지 않고 관조하는 것이 최상의 방법임을 강조하고 있다.

    방금 영화 한 편 보고
    핏줄까지 아프네요

    왜 그토록 처절하게
    살아야 하는지

    천적天敵은 먹고사는 모든 것이기에
    치고 패고 속이고
    쫓고 쫓기고 죽이고

도대체
삶이 뭔데?

꽃들과 그 향기의 속살과는
달리

낭만의 보드러운 손짓과는
멀리

살아 있으면서도
살아 있는 것 같지 않은
구겨진 세상

적막한 낮과 밤의 몸에 돋은
푸르스름한 소름을 털어내며

詩 파편들을 짓뭉개고 있다
피비린내로.

- 「사랑아·10」 전문

  이 시에서의 시적 화자는 인생의 고통스러운 본질에 대한 근원적인 질문을 던지고 있다. 시적 화자는 폭력이 난무한 영화 한 편을 보고 나오는 길이다. 그 영화 속에서 "치고 패고 속이고/ 쫓고 쫓기고 죽이"는 인물을 만났을 것이다. 그런 폭력적인 장면들이 영화 속에만 존재할까. 누구는 지금이 제3차 세계대전이 발발하기 직전이라고 하고 또 누구는 세계대전이 이미 발발했다고 한다. 팔레스타인 가자지구와 우크라이나에서만 전쟁이 일어나고 있는 것은 아니다. 우리나라에서도 서로가 서로를 혐오하며 세대갈등 남녀갈등 등이 일어나고 있다. 혐오가 일상 속으로 자연스럽게 스며들면 인간존중은 사라지고 전쟁으로 가는 지옥문이 열리기 쉽다. 인종차별 남녀차별 등의 문제점을 자각하지 않고 아무렇지 않게 차별과 혐오를 받아들이면 안 된다. 시적 화자는 "천적天敵은 먹고사는 모든 것"이라고 말하고 있다. 거기에 담긴 의미는 무엇일까. 누군가가 자신의 주머니를 채우기 위해 차별을 조장하고 혐오를 부추기며 서로 단합하지 못하게 하고 있다는 뜻일까. 노동자가 하나로 힘을 모아 최저시급을 올려달라고 하면 안 되니까, 동일노동 동일임금을 주장하면 안 되니까 차별과 혐오를 조장하는 건 아닐까. 1%의 부자가 더 많은 부를 축적하기 위해 99%의 국민을 분열시키려고 하는 건 아닐까. 그런 복합적인 의미가 저 말에 들어 있다. 지금의 모습이 100년 전의 모습과 흡사하다고 한다. 시적 화자는 "왜 그토록 처절하게/ 살아야 하는지"에 대한 질문을 우리에게 던지고 있다. 서로를 차별하고 혐오하며 처절하게 사는 이유를 묻고 있지만 한 걸음 더 들어가면 누가 차별과 폭력을 조장하고 있는지 왜 그런 조장을 하는지 알아야 한다고 말하고 있다. 혐오와 폭력은 "꽃들과 그 향기의 속살과는/ 달리" 악취를 풍기고 "낭만의 보드러운 손짓과는" 상관없이 뻔뻔스럽고 나쁘다며 말하고 있다. 시적 화자는 사랑에게 말을 거는 형식을 취하여, 영화를 보고 난 후 느끼는 처절함과 고통을 묘사하고 있다. 시적 화자는 생존을 위한 투쟁이 천적처럼 느껴져 폭력과 속임수로 가득 차 있음을 보여 준다. 결국, 피비린내 나는 구겨진 세상에서 낭만이나 아름다움과는 거리가 먼 삶에 대해 일갈하고 있다.

> 작은 꽃밭에
> 촘촘하게 꽃을 심다 보니
>
> 이제 더 이상
> 심을 곳이 없네요
>
> 네모반듯한 근대近代의 상징인
> 벽돌 사이까지
> 꿈을 발라 마무리 했으니
>
> 앞으로는
> 꽃 구경할 일만 남았네요
>
> 현관부터 뒤란까지
> 네 개의 화단에
> 꽃과 향기 가득 가득
>
> 딱 하나 남은 건
> 그대

사랑과 해 질 녘의 시차時差 때문에
설령 돌아오지 못할지라도
마음 한 장
아니면, 생각 한 잎
보내 줘도 좋으련만

지금 저렇게
질질질 경음악이 깔리는
물뿌리개처럼

시로 풀어 쓴 그리움
무더기로 보내 줘도 좋으련만.
- 「사랑아·17」 전문

 이 시에서의 시적 화자는 작은 꽃밭에 꽃을 촘촘히 심어 더 이상 심을 곳이 없을 정도로 공간을 채웠으며, 벽돌 사이까지 꿈을 발라 정원을 완성한다. 꽃을 심는 행위는 어떤 이유로 어제를 끌고 온 일상을 끝내며 변화를 꿈꾸고 싶어서다. 시적 화자에게 무슨 일이 있었던 것일까. "사랑과 해 질 녘의 시차時差 때문에/ 설령 돌아오지 못할지라도"에서 그 단서를 찾을 수 있다. 사랑하는 '그대'가 아직 돌아오지 않고 있다. 귀가를 알리는 해 질 녘이 다가오고 있는데도 그대는 오지 않고 있다. "사랑과 해 질 녘의 시차時差" 때문에 못 오고 있는 것이다. 그대와의 사이에서 무슨 오해가 있었던 것일까. 사랑에 대한 온도차가 있어 그대는 아직도 머뭇거리고 있는 것일까. 사랑 없는 나라에서 살다가 사랑의 나라로 입국하면 당연히 시차 때문에 적응하기가 힘들 것이다. 사랑의 나라가 버거워 다시 일상의 나라로 돌아가도 설렘으로 가득했던 그 나라를 잊기는 어렵다. 님에 대한 그리움이 차올라 다시 사랑의 나라로 입국할 때까지 아파하며 보고파할 것이다. 그런 님의 마음을 시적 화자도 짐작할 것이지만 자신의 그리움이 너무 커 "시로 풀어 쓴 그리움/ 무더기로 보내 줘도 좋"겠다는 소망을 내비치고 있다. 시적 화자는 그런 소망을 담고 싶어, 아니 자신의 그리움을 보여주고 싶어 "작은 꽃밭에/ 촘촘하게 꽃을 심"고 있다. "벽돌 사이까지/ 꿈을 발라 마무리"하고 있다. 님이 다시 돌아와 사랑을 하고 싶다는 꿈까지 꽃과 함께 심고 있는 것이다. 이제 현관부터 뒤란까지 꽃과 향기가 가득한 정원에서 꽃을 구경하는 일만 남았다. 그러나, 시적 화자는 '그대'의 부재를 느끼며, 사랑과 해 질 녘의 시차 때문에 그대가 돌아오지 못할지라도 마음 한 장이나 생각 한 잎이라도 보내주길 간절히 바라고 있다. 결국 시적 화자는 경음악이 깔리는 물뿌리개처럼 사랑하는 '그대'가 시로 풀어 쓴 그리움을 무더기로 보내줬으면 하는 간절한 마음을 표현하고 있다.

    살갗 위에
    약간의 추위를 덧씌우는 이 새벽에
    가만히 입어 봅니다

그대가 평소에
즐겨 입었던 그 옷

변화구의 둥근 각도가 좋아
야구 열혈팬이 되어
열렬히 응원을 보내주며
동동 뛸 때마다
입었던 그 빨간 옷

오른쪽에는 노랑 글씨
왼쪽에는 하양 글씨

오른쪽에는 감미로움이
왼쪽에는 서글픔이
묻어 있네요

지금쯤
어디에서 무얼 하며
살아가고 있는지

무심결에
그날의 뒷모습을 일시불로 구입한
로션을 팔에도 바르고
손등에도 발라 봅니다

떨어지는 눈물도 섞어
어슴푸레한 추억까지

천천히 발라 봅니다.
　　　　　　　　　　　　　　　　－「사랑아·22」 전문

　이 시에서의 시적 화자는 사랑하는 사람이 즐겨 입던 옷을 새벽에 조용히 입어보는 상황을 묘사하고 있다. 의식주衣食住에서 의衣가 맨 앞에 있는 걸 보면 옷을 가장 중요하게 여겼다는 뜻일 게다. 옷을 통해 타인과 구별된 그 사람의 존재를 인식할 수 있다. 옷은 그 사람의 신분을 나타내는 것이기에 우리는 사회적인 위치에 맞게 의복을 차려입는다. 이 시에서 옷은 '그대'가 즐겨 입었던 응원복이다. 시적 화자와 함께 야구 경기장에 가서 응원할 때 입었던 옷이다. 그 옷을 입고 야구장 데이트도 하며 즐거운 한때를 보냈을 것이다. 이 응원복을 통해 님과의 만남이 사회적인 관계에서의 만남이 아니라 애정의 관계임을 알 수 있다. 사랑하는 님은 경기장에서 "열렬히 응원을 보내주며/ 동동 뛸 때마다" 환호성을 내질렀을 것이다. 시적 화자는 어느 새벽, 열정적인 그 님이 입었던 응원복을 꺼내 입어 본다. 응원복을 입으며 님의 사랑과 님의 추억도 다시 입었을 것이다. 옷을 통해 사랑의 추억 속으로 자연스럽게 들어가고 있다. 시는 내면에 각인된 그리움의 무늬들을 꺼내는 일이다. 그 무늬를 목소리로 표정으로 풍경으로 꺼내는데 이 시에서는 응원복을 통해 꺼내고 있다. 기억의 심층으로 들어가 출렁이는 오래된 풍경들을 찾아 시의 언어로 진열하며 시적 형상성을 획득해야 한다. 연민의 손길로 그

시절을 어루만지며 상처를 치유해야 한다. 시적 화자는 "떨어지는 눈물도 섞어/ 어슴푸레한 추억까지/ 천천히 발라" 보며 그리움과 상처를 어루만지고 있다. 화자는 님에 대해 궁금해 하다가 "그날의 뒷모습을 일시불로 구입한/ 로션을 팔에도 바르고/ 손등에도" 발라 본다. 로션을 낯설게 해석한 점이 돋보인다. 시는 이렇듯 새로운 해석으로 시적 대상을 들여다봐야 한다. 사랑하는 님이 입었던 그 옷은 야구 팬이 되어 열렬히 응원할 때마다 입었던 빨간 옷이다. 오른쪽에는 노란 글씨가, 왼쪽에는 하얀 글씨가 새겨져 있다. 시적 화자는 그 옷에서 사랑의 감미로움과 서글픔이 묻어 있음을 느끼며, 지금쯤 그 사람이 어디서 무엇을 하는지 궁금해한다. 또한 시적 화자는 그날의 추억을 상징하는 로션을 팔과 손등에 바르면서, 떨어지는 눈물과 함께 어렴풋한 추억까지 천천히 되새기는 모습을 보여 주고 있다. 전반적으로 시적 화자는 헤어진 이에 대한 그리움과 추억을 옷과 로션이라는 매개체를 통해 섬세하게 표현하고 있다.

> 속 깊은 돌자궁이 물기 머금은
> 뒤란의 돌확에서 태어나
> 집안으로 들어온 그대
>
> 말끔히 빨래 청소까지 다해 준 건
> 고마운데

다정히 대화 투정 불만
다 들어준 건 좋은데

뜨겁게 안아 주고
키스해 준 건 행복한데

도대체
동쪽의 문이 푸르스름히 열리는
새벽만 다가오면
어디로 가는 거야?

뒤란 돌확도 가 보고
감나무 밑도 가 보고
창고도 가 봤지만

그 어디에도
그대의 흔적은 없었어

도대체
어디로 간 거야?

― 「사랑아·43」 전문

 이 시에서의 시적 화자는 사랑의 상실감과 혼란스러운 감정을 표현하고 있다. 사랑하는 님은 "속 깊은 돌자궁이 물기 머금은/ 뒤란의 돌확에서 태어나" 시적 화자의 집안으로 들어온다. 사랑은 이처럼 전설처럼 판타지처럼 내 안으로 들어온다. 사랑이 내게 올 것이라고 상상도 못한 그 지점에서 사랑은 찾아온다. 이 시에서 사랑은 "뒤란의 돌확"에서 태어났다. 예전에는 돌확에 보리쌀을 넣고 갈곤 했다. 먹을 것을 해결해 준 돌확에서 사랑이 태어나 집안으로 들어온 후, 빨래 청소뿐만 아니라 다정히 대화도 나눠준다. 더군다나 뜨겁게 안아 주고 키스까지 해준다. 시적 화자는 그대와 함께 황홀한 밤을 보내는데 새벽이 다가오면 그 님은 어디론가 떠난다. "동쪽의 문이 푸르스름히 열리는/ 새벽"만 다가오면 늘 떠난다. 동화 같기도 하고 판타지 영화 같기도 하다. 새벽이 오고 아침이 오면 현실 세계로 발을 들여놓아야 한다. 그 현실 앞에서는 늘 숨어 버린 님. 시적 화자는 현실에서는 꿈꿀 수 없는 어떤 사랑을 상상 속에서 꿈꾸고 있는 것일까. 아니면, 우렁각시처럼 그 님과 아무도 모르게 사랑을 하고 있는 것일까. 그 님이 어떤 대상인지는 정확히 알 필요는 없다. 시의 애매성으로 두고 상상에 맡기는 게 더 낫다. 시적 화자는 돌확에서 태어났다고 묘사되는 대상이 자신에게 깊은 보살핌과 애정을 주었음에 감사하고 있다. 이 대상은 빨래와 청소 같은 가사 노동과 대화, 투정, 불만까지 모두 들어주고 뜨거운 포옹과 키스도 나누며 행복을 주었다. 그러나, 동쪽문이 열리는 새벽이 되면, 그 대상은 흔적도 없이 사라져 버려, 시적 화자는 당황하며 그 대상을 찾아 헤맨다. 현실에서는 이루어질 수 없는 어떤 사랑의 기미가 엿보인다. 결국 시적 화자는 사랑이 어디로 갔는지에 대한 질문을 반복하며 시상을 마무리 짓고 있다.

>드디어 알아냈어요
>날 밤낮으로 놀라게 하고
>또 울리기만 한 그대
>
>그대가 사는 곳을 알아냈어요
>풀장을 겸한 연못에 사는 그대
>
>고요와 그림자와 한낮이
>쉴 수 있는 의자가
>네 개나 늘어서 있고
>
>우윳빛 파라솔이
>세 개나 펼쳐져 있고
>
>초가집에서
>딱 혼자서 살아가는 그대
>
>간혹 하늘이 푸르디푸르러
>구름 한 점 없이 해맑은 달밤
>
>어느 날
>수평의 오후 접었다 펴며
>나비 날개 달고 날아와
>나만 만나고

나와만 오붓한 시간을 보내며
나만을 환희에 젖게 한 뒤
여명 속으로
홀연히 사라지는 그대

언제나 은은하고
신비롭고 아름다운 그대.

－「사랑아·45」전문

  이 시에서의 시적 화자는 밤낮으로 자신을 놀라게 하고 울리기만 했던 대상, 즉 '그대'가 사는 곳을 마침내 알아냈음을 선언한다. 님이 있는 사랑의 주소지는 "풀장을 겸한 연못"이라고 한다. 그곳에는 "고요와 그림자와 한낮이/ 쉴 수 있는 의자가/ 네 개"나 있다. 그리고 "우윳빛 파라솔이/ 세 개나 펼쳐져" 있다. 그곳에 초가집을 짓고 사는 님. 파라솔과 초가집이 어딘지 어울리지 않는다. 님이 살고 있는 곳은 현실의 공간이 아닌 상상 속의 공간이다. 그 상상의 공간에서 살고 있는 님은 "하늘이 푸르디푸르러/ 구름 한 점 없이 해맑은 달밤" 어느 날, "나비 날개 달고 날아와/ 나만 만나"러 날아온다. 아름다운 동화가 전개되는 듯하다. 그 님은 한때 사랑했던 추억 속의 님일까, 아니면 시적 화자가 꿈꾸는 내일의 님일까. 그 님이 과거에 존재했든 미래에 존재할 님이든 상관없이 그 님과의 사랑은 참으로 아름답다. 그 님은 "수평의 오후 접었다 펴며/ 나비 날개" 달고 날아온다. 눈에 그려지는 아름다운 장면 앞에서 문득 시적 화자의 사랑이 부럽다. 현실의 문제를 하나씩 따지지 않고 아름다운 나비 날개 달고 날아다니듯 사랑할 수 있다면 얼마나 좋을까. 우리는 아름답게 사랑했던 그 기억으로 아픔을 헤쳐나가고 슬픔을 버티며 살고 있는지도 모른다. 시적 화자는 사랑하는 님과 즐거운 시간을 보내는데 어느 순간 님은 "여명 속으로/ 홀연히 사라지"고 만다. 가고 없는 빈자리가 허전하게 다가올 텐데 시적 화자는 "언제나 은은하고/ 신비롭고 아름다운 그대"라며 찬사를 보내고 있다. 사랑에 대한 기억과 정의가 아름답다. "밤낮으로 놀라게 하고/ 또 울리기만" 했을지라도 먼 훗날 돌아보면 사랑은 아름답다. 결국 시적 화자는 은은하고 신비로우며 아름다운 '그대'와 그대가 머무는 환상적이고 고독한 공간에 대한 깨달음과 애정을 담아내고 있다.

>추억의 파노라마는
>이미 멜로디 속으로 빨려들어
>창가로 내려왔어요
>
>지상의 비망록 자분자분 써 내려간
>작은 화분과
>작은 항아리 만나
>지금 한창 얘기 중이에요
>
>어디로 돌아왔니?

어디까지 갔다 왔니?

낮과 밤의 지층 켜켜이 깔며
바닥에 깔린 조약돌도
꿈결처럼 달싹이며 재잘거려요

이제
눈을 감을 시간

부디 행복하세요
다들 나처럼.

- 「사랑아·61」 전문

「사랑아·61」에서의 시적 화자는 사랑을 향한 서정적인 부름으로 시작하여, 추억이 멜로디처럼 창가로 스며드는 감각을 묘사하고 있다. 나이가 들면 추억으로 먹고 산다고 한다. 그만큼 추억에 젖는 시간이 많다는 뜻이다. 좋은 추억이든 나쁜 추억이든 그 추억은 이미 나의 일부가 되었기 때문에 나와 추억을 분리할 수 없다. "추억의 파노라마는/ 이미 멜로디 속으로 빨려들어/ 창가로 내려왔"기에 시적 화자는 그 추억에 소르르 빠져든다. 창가로 내려앉은 추억은 마치 사람처럼 "지상의 비망록 자분자분 써 내려간/ 작은 화분과/ 작은 항아리 만나/ 지금 한창 얘기 중"이다. 시적 화자의 추억은 화분과 만나 무슨 얘기를 하고 있는 것일까. 화분과 항아리는 "지상의 비망록 자분자분 써 내려"갔다는데, 혹시 그리움의 대상과 함께했던 날들을 화분은 기억하고 있는 것일까. 그 님과 함께 화분에 꽃을 심고 물을 주며 정담을 나눴던 것일까. 그 모든 것을 기억하고 있는 화분이기에 시적 화자는 화분과 다시 얘기를 나누며 추억 속의 그리움을 꺼내는 것일까. 화분은 묻는다. "어디로 돌아왔니?/ 어디까지 갔다 왔니?" 화분에게 인격체를 부여해 대화를 나누고 있다. 고개를 돌려 보니 이번에는 바다에 깔린 조약돌이 재잘거리고 있다. 그 조약돌은 "낮과 밤의 지층 켜켜이 깔며" 바다에 놓여 있다. 추억의 지층을 켜켜이 깔아놓듯, 아픔의 지층을 켜켜이 깔아놓듯, 희망의 지층을 켜켜이 깔아놓듯 조약돌은 바다에 놓여 있다. 시적 화자는 모든 대화를 마친 후, 이런 말을 한다. "부디 행복하세요/ 다들 나처럼" 고故 천상병 시인은 시 '귀천'을 통해 삶은 아름다운 소풍이라고 표현하고 있다. 시적 화자도 좋은 추억이든 나쁜 추억이든 삶은 모두 아름다운 소풍이라고 말하고 있는 듯하다. 삶을 대하는 자세가 긍정적이다. 큰 의미에서 보면 산다는 것은 행복한 일이다. 시적 화자는 지상에서의 기록을 상징하는 화분과 항아리 그리고 낮과 밤의 시간을 견디며 바다에 깔린 조약돌을 통해 시간의 흐름과 기억의 잔상을 다루고 있다. 시적 화자는 결국 눈을 감고 행복을 기원하는 평온한 마무리로 끝을 맺으며, 모든 이들이 시적 화자 자신처럼 평안하기를 바란다.

어느 날 무작정 떠났던
강원도 동해안 산골 메밀꽃밭

물씬한 사투리로 기둥 세운
거기 원두막에서
많은 얘기를 나눴지요

문학과 철학, 인생과 종교
심지어 꽃밭의 비밀까지

얼마나
그 대화들이 상큼하고
싱그러웠는지 몰라요

떠나고 싶지 않을 만큼
노을이 깔려도 일어나고 싶지 않을 만큼

한적함과 여유로움에 젖어
그 안에서 깨어날 생각조차 하지 않고

어스름이 밤의 발뒤꿈치 깨물 때까지
막연히 앉아 어둑어둑한 시간까지 쪼개가며
아쉬움을 마시고 있었지요

지금 되돌아봐도 소중한 시간
아름다운 순간이었네요

그때가 몹시 그리워요

이처럼 할 말 없는 일요일 아침에는 더더욱.
- 「사랑아·73」 전문

  이 시에서의 시적 화자는 어느 날 강원도 동해안 산골의 메밀꽃밭에 있는 원두막에서 나눈 대화와 추억을 회상하고 있다. 일상을 떠나 여행지에서 만난 풍경과 대화는 색다르다. 여행은 설렘이라는 꽃 사태를 일으켜 보는 것마다 들뜨게 만든다. 새로운 감각으로 정오를 맞이하게 하여 그동안 끌고 왔던 일상의 무료함을 한순간에 지운다. 이 시는 그런 설레는 마음으로 강원도 동해안의 어느 산골에 있는 메밀꽃밭을 찾아간다. 사랑하는 님과 함께 그 메밀꽃밭에 있는 원두막으로 올라간다. 원두막은 "물씬한 사투리로 기둥 세운" 곳이다. 표현이 신선하다. 사투리의 문양이 새겨진 기둥에 몸을 기대며 둘은 대화를 나눈다. 대화는 무르익어 "문학과 철학, 인생과 종교/ 심지어 꽃밭의 비밀까지" 꺼내 이야기꽃을 피운다. 꽃밭의 비밀은 무엇을 상징하는 것일까. 낭만으로 들뜬 정서일까, 아니면 인생의 꽃을 함께 꽃피우자는 내밀한 약속일까, 그게 무엇인지는 잘 모르겠지만 둘만의 아름다운 순수임에는 분명하다. 원두막에서의 대화는 상큼하고 싱그러워 "떠나고 싶지 않을 만큼/ 노을이 깔려도 일어나고 싶지 않을 만큼" 행복하다. 둘의 대화는 그 이후로도 계속 이어져 "어스름이 밤의 발뒤꿈치 깨물 때까지/ 막연히 앉아 어둑어둑한 시간까지 쪼개가며/ 아쉬움을 마시"고 있다. 사랑의 속삭임이 메밀꽃밭을 배경으로 수채화처럼 그려지고 있다. 상상만 해도 아름답다. 시적 화자는 그 시절을 회상하며 무척 아름다운 순간이었다고 말한다. 결국 시적 화자는 해가 지고 밤이 될 때까지 한적함과 여유로움 속에서 그 자리에 머물렀으며, 그 시간이 몹시 소중하고 아름다웠기에, 현재도 매우 그리워하고 있다.

> 이렇게 웃고 있어도
> 먹구름과 파열음이 몰려 있는
> 내 몸의 상처는 많아요
>
> 허벅지에도 가슴속에도
> 영혼벽에도
> 비록 화려하게 살고 있어도
> 내 몸의 슬픔은 많아요
>
> 생의 얼룩이 태풍으로 몰아치기 전에
> 더는 기다릴 수 없다는 아우성
> 머리끝에서 발끝까지 오르내리며
> 야단법석을 떠네요
>
> 오늘은 일단
> 영화나 하나 보고 올래요
>
> 나처럼 가련한 배우의 인생을 보며
> 손톱만큼이나마 위로를 받으러

지금 이렇게 우아한 차림으로
현관문을 나서고 있네요.

— 「사랑아·85」 전문

  이 시에서의 시적 화자는 겉으로는 웃으며 화려하게 살고 있지만, 육체와 영혼에 대한 깊은 상처와 슬픔을 지니고 있음을 고백하고 있다. 웃음은 상처와 우울을 가리기 위한 가장 완벽한 가면이다. 그 가면을 쓰면 아무도 가면 안에 가려진 슬픔을 들여다볼 수 없다. 웃음소리의 공명으로 슬픔을 가리고 웃는 표정으로 좌절을 지우는 완벽한 무기가 웃음이다. 시적 화자는 얼굴에 완벽한 가면인 웃음을 장착하고 있다. 웃음을 화자의 볼에서 떼어내지 않는다면 아무도 화자의 삶이 아픔으로 점철되었는지 모를 것이다. 웃음이 몸 밖으로 나가 번지며 달리면 사람들은 즐거워하고 화자의 슬픔은 가려지기에 자신의 슬픔을 가리기 위한 최선책으로 웃음을 선택했을 것이다. 허나 그 웃음이 영원히 화자의 슬픔을 가려줄 수는 없다. 해 질 녘이 되고 집으로 돌아오면 화자의 슬픔은 드러난다. 화자는 "먹구름과 파열음이 몰려 있는/ 내 몸의 상처는 많"다고 고백한다. 어쩌면 우리도 나만의 공간으로 들어서면 저런 고백을 할지도 모른다. 사회적인 관계 속에서 우리는 수많은 가면을 써야 관계 맺음을 잘할 수 있지만 홀로 있는 시간이 찾아오면 우리는 나 자신의 아픔과 마주해야 한다. 웃음을 지으며 "비록 화려하게 살고 있어도/ 내 몸의 슬픔은 많"다고 다시 고백한다. 무슨 슬픔이 저리도 많을까. 화자는 "생의 얼룩이 태풍으로 몰아치기 전에/ 더는 기다릴 수 없다는 아우성"이 들려 영화를 보러 갈 계획을 세운다. 무엇을 기다릴 수 없다는 것일까. 그리움이 목젖까지 차올라 기다릴 수 없다는 것일까. 불안과 우울이 몸집을 불려 온몸을 덮치기 전에 영화를 보러 간다는 뜻일까. 그게 무엇인지 알 수는 없지만 화자는 서둘러 영화를 보러 간다. 인생의 얼룩과 태풍과 같은 고통이 몰아치기 전에, 시적 화자는 더 이상 기다릴 수 없다는 절박함을 느끼고 있다. 이러한 내적 혼란 속에서 시적 화자는 우아한 차림으로 집을 나서며, 자신과 비슷한 가련한 배우의 삶을 상영하는 영화를 보러 간다. 이를 통해 아주 작은 위로라도 얻고자 한다. 이 시는 외면의 화려함과 내면의 고통 사이의 대비, 그리고 예술을 통한 치유에 대한 갈망을 보여 주고 있다.

이처럼, 김지우 시인의 시들은 사랑과 삶에 대한 깊은 사색을 다루고 있다. 그녀의 시들은 이사 후 평온을 찾는 모습부터, 소유하지 않는 사랑의 이상향을 다루고, 고통스럽고 치열한 현실의 부조리에 대한 고뇌를 보여 주고 있다. 또한, 그리워하지만 부재하는 연인에 대한 애틋한 감정과, 새벽마다 홀연히 사라지는 신비롭고도 아름다운 그대의 존재를 탐색하기도 한다. 그리고, 추억에 대한 회상과 그리움을 표현하고, 또 내면의 깊은 상처와 슬픔 속에서도 위안을 찾으려는 현대

인의 모습을 반영하기도 한다. 다채로운 감성의 파노라마를 한자리에 모아 놓은 듯, 시인이 펼쳐놓은 감성의 색깔을 만나는 재미가 솔솔하다. 어렵지 않은 시어들의 배치와 이미지 구현으로 생생한 그림을 그려놓고, 나아가 인생을 새로운 각도로, 다양한 시선으로 해석하려는 노력이 엿보여, 시를 읽어가는 내내 즐겁고 흥겨웠다. 때때로 밀려오는 감동의 전율, 그 중에서도 사랑에 대한 한결같은 예찬이 가슴에 와 닿아, 매우 신선하고 인상적이었다.

부디, 김지우 시인이 제2, 제3 시집을 펴내어, 여생을 아름답고도 싱그러운 열매들로 채워가기를 소망해 본다. 늘 베푸는 모습, 겸허한 인생관이 돋보인 김지우 시인, 오래도록 늘 건강하고 행복하길 빈다.

- 해맑고 향긋한 가을 날씨가 너무 좋아 행복한 어느 날
한실문예창작(12개 문학회) 지도 교수 박덕은
(문학박사, 전 전남대학교 교수, 국어국문학과장 역임, 대한시문학협회 회장,
박덕은 미술관 관장, 광주시민사회단체(523개) 총연합회 대표회장,
노벨재단 이사장, 시인, 소설가, 동화작가, 문학평론가,
중앙일보 신춘문예 당선, 전남일보 신춘문예 당선, 새한일보,
문화앤피플 신춘문예 당선, 광주문학상(제1회), 전라남도문화상,
김현승 문학상, 빛고을 문학상 수상,
저서 [현대시창작법], [현대소설의 이론], [문체론] 등 132권 발간)

박덕은 미술관 시비오솔길

시 김지우

전남대학교 졸업
《문학공간》시 부문 신인문학상
제5회 신정문학상 최우수상
제3회 포랜컬쳐 문학상 대상
제3회 산해정 치유문학상 최우수상
오솔길 전국시화전 인의상
패밀리 골프장 전 대표
강천 조각공원 대표
강천 미술관 대표
강천 빌리지 대표
저서 『꽃의 걸음이 고요하다』(공저)
시집 『사랑아』

<강천 조각공원>
주소_ 전북 순창군 구림면 강천로 801-79
전화_ 010-9988-2974
이메일_ Royal621103@naver.com

그림 박덕은

전북대학교 문학박사
전 전남대학교 국어국문학과 교수
광주시민사회단체(523개) 총연합회 대표회장
대한시문학협회 회장
화가, 박덕은 미술관 관장
한실문예창작(12개 문학회) 지도 교수
박용철기념재단 수석부이사장
중앙일보 신춘문예 당선
전남일보(現:광주일보) 신춘문예 당선
새한일보 신춘문예 당선
문화앤피플 신춘문예 당선
포랜컬쳐 신춘문예 당선
창조문학신문 신춘문예 당선
사이버중랑 신춘문예 당선
전남매일신문 〈에세이〉 연재
광주매일신문 〈평설〉 연재
광주문학상(제1회) 수상
국제종합예술대전 대상 수상
국제현대미술우수작가전 대상 수상
한국창작문화예술대전 대상 수상
저서 『현대시창작법』 등 133권 발간

<박덕은 미술관>
주소_ 전북 순창군 구림면 강천로 801-20
전화_ 010-4606-5673
이메일_ herso@hanmail.net

김지우 시집

사랑아

2025년 11월 10일 인쇄
2025년 11월 25일 발행

시   김지우
그림   박덕은

펴낸이 강경호 마케팅 강나루 디자인 정찬애
펴낸곳 도서출판 시와사람
등록 1994년 6월 10일 제 05-01-0155호
주소 광주시 동구 양림로 119번길 21-1(학동)
전화 (062)224-5319   E-mail jcapoet@hanmail.net

ISBN 978-89-5665-803-2   03810

· 잘못된 책은 구입하신 서점에서 바꾸어 드립니다.
· 값은 표지에 있습니다.

공급처 ■ 한국출판협동조합
경기도 파주시 탄현면 오금로 30
주문전화 (02)716-5616, 070-7119-1740

이 도서의 국립중앙도서관 출판예정도서목록(CIP)은
서지정보유통지원시스템 홈페이지(http://seoji.nl.go.kr)와
국가자료종합목록 구축시스템(http://kolis-net.nl.go.kr)에서
이용할 수 있습니다.